To Put Inspired Fingers on Living Strings

Вещия персты на живые струны

Nina Savenko

Pacific House Publishing
3055 Pualei Circle 104
Honolulu, Hawaii 96815

©1997 Nina Savenko

Library of Congress Catalog Card Number 97-76178

Printed by:
Pacific Printing and Publishing, Inc.
United States of America

No part of this book may be reproduced in any form without permission from the author except for the quotation of brief passages in reviews.

Nina Savenko

To Put Inspired Fingers
on
Living Strings

Russian Poetry

Translations, Introduction,
Art and Designs   **Robert Barnack**

Literal Translations, Preface,
Editing   **Dr. Yelaina Kripkov**

Reading Assistance   **Tatiana Krot**

Art and Designs   **Nina Savenko**

Оглавление

Об авторе(англ.)	8
Вступление(англ.)	10
Откровения	13
О времени	45
Встречи и потери	65
Превращения	95
Патриотическое	125
София и софиология	153

Contents

Introduction	8
Preface	10
Revelations	13
About Time	45
Meetings and Losses	65
Transformations	95
Patriocity	125
Sophia and Sophiologos	153

Alcanost is the pink-white feathered mythological Slavic woman-bird diety. Goddess of sunrise and of the new day, Alcanost is said also to sing with perfect beauty, and her singing is said to bring joy, delight and consolation to people. A great many Russian artists and poets have created works about Alcanost, and Nina Savenko has chosen her as a meaningful symbol for her philosophy and for her poetry.

A number of poems in this collection were first published in Russian by STEPS, Inc., Vladivostok, Russia.

Published in the United States of America

Introduction

To Put Inspired Fingers on Living Strings is a collection of poems written largely in the former USSR, and over the past twenty years. Conditions of the author's life, her concerns and honesty, many reflections about Russia, classics and mythology vignettes in new garb, and strong stances all define Nina Savenko's writings. Savenko was born in Kamsomolsk-on-Amur in Siberia in 1947 where her father's family had been deported. Her parents divorced when she was two and she was raised in her mother's new family. She recalls a staunchy communist home and being reported as a child dissident to her school. With joy she remembers early discovery of Russian folk history and legends literature. And she remembers the immense natural beauty of her childhood world along the Amur River.
Marrying young, Savenko moved to live with her officer husband at a tiny, primitive base for military in frigid, barren Ahotsk in Russia's far north. After five years she moved to Leningrad where she completed studies to earn an honors status university advanced degree in literature and Russian language studies (1973). Her husband was murdered in 1977. At that time she was the mother of two children, ages four and one.

In the years following, Savenko found work as a journalist, editor, teacher, script writer, and school curriculum writer. Relatively recently she wrote and produced a social-philoosophical magazine, "Salon". And she worked as the producer-interviewer of "Question - Answer", a Vostok T.V. series. Savenko's commendations have always included praise for content integrity, attention to quality, and interest. Unfortunately, praise for excellence had not always been equalled with sufficient pay or support for basic needs.

Savenko was censured several times and removed from her work, and once threatened with "institutional placement" for her forthright writing or reporting. This was true for her disclosure that preferential medical treatment for Chernobyl child victims went to communist families, and for her television interview about the deteriorating conditions of nuclear component protection on the poorly maintained submarines in the port of Vladivostok area.

She wrote throughout her life, but especially Savenko wrote poetry. Many of her poems are in this collection, others not published, many given away or lost. In America now, she brings to print, freely now, poems of insight, caring and truth. *To Put Inspired Fingers on Living Strings* is Nina Savenko's first work to be translated and published in English.

Preface

"Wonderful streams of time" of "what was experienced, understood, and felt" -this is offered to American readers in the lyrical poetry of Nina Savenko, a contemporary Russian poet. In her book of verse, *To Put Inspired Fingers on Living Strings,* Savenko writes about the grief and the loneliness of a young widow, dreams of love and tenderness, the constant struggle to bear burdens of life, never-ceasing patience, belief in God and justice, rejection of lies, distrust of people in power, the fear and pain of a mother who is trying to save her son from participating in the terrible, senseless Chechen war, the sobering fortelling of her own fate, and a bitter appeal to her homeland, all interwoven.

Savenko's poetry is powerful and reflects her strong personality. Her main poetic devices for creating the impression of power are restraint, short lines, exact words, and ellipse. This poetry is solemn, complicated, concise - even masculine to some extent. Savenko's verses are like bullet shots or hits into the reader's heart.

The image of an old, matured she-wolf, "hardened" and "knowing waste, loss, and pain," accurately expresses the essence of Savenko's lyrical persona. Constant motifs of fate, doom, life weariness, yet resistance to life's hardships are characteristic of life in contemporary Russia, whose people are now experiencing the breakup of the old order and the painful move to a new one. During such existential periods, the most important and timeless human values are revealed. Time is fluid in Savenko's poetry: its streams are "reversible," they "combine and fall apart." Biblical motifs (Job, Valaam's Donkey, Noah), images of antiquity (Silen, Pan, Quibble), and characters of Slavic pagan mythology (Siren, Gamayoon, Swan-Offense) are organically woven into her poetic narration of the feelings and difficult lot of a contemporary Russian woman. This is lyrical poetry, steeped in spirituality. Its persona constantly appeals to God, and her poetic prayers, while truthful and personal, can easily be understood by everyone. Her "tender spirit" overcomes the "pain of losses," "fatigue," and "desperation" and carries faith into renewal. The last poems, written on American soil, are filled with peace, joy, light humor, and expectations of happiness.

Откровения

Сдержанность
Почему ослица? А не осёл...
И по вере твоей
Омовение
Вольноотпущенник Природы
Прорицательница
Я снова иду вперёд...
Контакт
Врагу не пожелать
Диптих о скорби: 1.Скорпион,
                      2. Изыди
Калитка
Высветилось, отлилось в форму...
Поэтическая реминисценция
по роману Фёдора Достоевского
Бессоница

Revelations

Self-restraint
Why "She"-Donkey?
Fruit of your Faith . . .
Sanctifying Water
Nature Allocated . . .
Witchy Woman
Forward Going . . .
Contact
I Wouldn't Want to Wish . . .
Dual Stanzas of Sorrow: 1. Scorpio
                      II. Leave my World
Gate
Looking into Darkness
A Poetic Allusion about Fyodor
                      Dostoevsky's Novel
Insomnia

Сдержанность

Стой !
    Раскрути,
           раскрути прежде
              тяжёлую плеть.
Свистом её колебаний
пусть твой насытится
    слух.

    Это всего лишь плебей
    твой испытует дух.
    Но не посмей -
Не бей !
    Только очерчивай круг...

Self-restraint

Stop it!
    First, thrash the air.
    Lash it hard
    round and round,
    making only the pulsating,
    whip-whistling voice-sound.
    Get pleasure.

    Know it is only a plebian
    giving test to your spirit.
    But do not dare -
Don't hit!
    Only outline a circle . . .

"И сказал ему Ангел Господень:
за что ты бил ослицу твою вот уже
три раза? Я вышел, чтобы
воспрепятствовать тебе, потому что
путь твой не прав предо Мною.

И ослица, видев Меня, своротила
от Меня вот уже три раза. Если бы
она не своротила, то Я убил бы тебя,
а её оставил бы живою."
Четвертая книга Моисеева.Числа.Гл.22,32

Почему ослица? А не осёл...

Едва-едва коснулось слуха -
               ослицу гонит Валаам.
А я-то! вещая старуха,
               не раз сносила этот срам.
Всё думалось:
               должно быть, знает
предназначение пророк
               и не напрасно понукает,
ища то деньги, то "венок"...

Ослица бедная!
               Постромки
оборвала, его спасая...
Ведь не осёл -
               всегда "she-donkey"!
Есть связь? Есть - с Ангелом. Прямая!

"And the angel of the Lord said to him
Why have you struck your donkey these
three times? ...Behold, I have come out
as an adversary, because your way was
contrary to me."

"But the donkey saw me and turned aside
from me these three times: if she had not
turned aside from me I would surely have
killed you just now, and let her live."
      <u>Numbers</u> C22, V32-33

Why "She"-Donkey?

Touching my hearing and barely audible
    are the sounds of Balaam . . .
He strikes his donkey with a stick turning her
    back onto the deadly pathway.
And I, an old prophetic woman now,
    how many times have I endured
    hittings, shamings, defilings?
I thought the prophet should know his destiny
    having some reason to drive me,
    looking for money or laurels.

Poor "she"-donkey!
She has torn her harness in her labor to help.
But why always "She"?   Is it logical?
Yes.
"She" has a direct line to the Angel.

И по вере твоей...

"Что?! Си́лен?.."
Вслед
      за буханьем копыт
твоя вдвигается
         глумливо-злая рожа.
Ты пьян, надушен, до отрыжки сыт,
и только фаллос до поры скукожен.

Что, Си́лен! Что!..
Ногами не сучи.
Вот там и оставайся -
              за порогом...
Ты! Внял? -
"О если правда,что в ночи..."
Скот. Тварь.
И ты "мне послан Богом" ?
Ну и дела. По вере мне дано.
Вонючей хлоркой метки отмываю.
Сквозняк! Неистребимое говно...

Ныряю в ночь и догоняю стаю.

Fruit of Your Faith . . .

"What?!   Satyr?   No!" . . .
Nevertheless,
            thump-banging his hooves,
            then tumbling in the door slit,
            there - his malicious, jeering,
                mocking, repulsive mug.
You are drunk, perfumed, food-full,
            ugly from belching.
And only a fallus is temporarily modest.

What, Satyr?   What? . . .
Don't twist your legs.
Don't you dare step across my threshold!
Did you get it?
"Oh, if it's true that in the night . . ."
You beast! Is it you who was
            "sent to be by God"?
That's how it is.   The fruit of my faith.
I wash off the spoor marks with stinky chlorine.
Oh, breeze. So welcome wind . . .
                It's ineradicable shit . . .
I'm diving into the night
            and catch up with my pack.

"На что дан Свет человеку,
которого путь закрыт,
и которого Бог окружил мраком?"

"Хотя бы я омылся и снежною водою
и совершенно очистил руки мои,
то и тогда Ты погрузишь меня в грязь."
Книга Иова. Гл.3 , 23; **9**, 30-31

Омовение

За что Ты не́ дал мне *такое* испытанье?
Достойной не почёл? Иль *знал*,
что прииму́?
Слезни́ца до сих пор стоит пустая :
не выплачусь.
И знаю - почему ...

Захолони тяжёлой шалью душу :
сквозь выдохну, но не вдохну уже́...

"Why is light given to a man
whose way is hidden,
and whom God has hedged in?"

"If I should wash myself with snow,
and cleanse my hands with lye,
yet thou would'st plunge me
into the pit."
<u>Book of Job</u> C3, V23; C9, V30-31

Sanctifying Water

Why haven't you given me a trial more
                  arduous?
Have you found me unworthy?
Or you knew that I would accept it?
My chalice for tears remained shallow
                  until this time.
And I know why.

With your black heavy shroud,
                  sweep over my soul.
Overwhelm me.
I will breathe out through it,
But I will not breathe in.

И выслушать и дать себя послушать.
И прорасти не в поле, а в меже.

И кто хозяин?
                    Кто сожнёт и скормит?
Моей любви дозревший колос сник.
Он так один, что даже эти кони,
            чтоб вытоптать,
                  не сталкивались с ним.

Я не хочу, чтоб прорастало много
их, вызревших из одного зерна...

Оставь меня, достигшую порога,
Свою судьбу доставшую до дна.

Сподо́бь меня такой расправы скорой:
сольются в ней и боль, и торжество.
И солнцу обнажится нежный корень.
И я усну...
           И больше ничего.

Only managing to listen is possible now.
Or to let someone listen about me.
And to grow not in a field, but in a boundary.

Who is my master?   Who will harvest me
                    and have me?
The wheat-ear of my love has drooped.
He is so lonely that even the work steeds
                    did not stumble upon him
                    to trample.

I have no wish to allow for many new life sprouts
                    to grow out of one grain.
Leave me alone, as I have reached the threshold.
And I have gained the depth of fate.

Favor for me an atonement - quick-violent.
Let pain and triumphs flow together.
And the gentle root will be exposed to the sun.
And I will fall asleep . . .
                    And nothing more.

> "Потому что во многой мудрости
> много печали;
> И кто умножает познания,
> умножает скорбь."
> ***Екклезиаст.** Гл.1, 18*

Вольноотпу́щенник Природы,
                неполноце́нен,
                    вял и слаб.
Всего-то :
Время нижешь в годы
И стерни дёргаешь из лап ...

Себя мы испытали,
             мой болезный.
Как близок оказался наш предел!
          И ходим
по щербатым кромкам лезвий,
Всё время оставаясь не у дел.

Приятели, подруги записные -
Обхаживаем их по мере сил.
Всё меньше чувств,
                которые впервые.
Всё больше лиц,
                которые забыл ...

> "Because in much wisdom there is much grief,
> and increasing knowledge causes increasing pain."
> <u>Book of Ecclesiastes</u> Cl, Vl8.

Nature allocated slave emancipation to you.
In you is the absurd, the worthless, the weak,
    the inferior and the inert.
Only the master artisan divides time ably.
You can manage only to divide time into years.
And also, you know how to pull out stubble
    from your own paws . . .

We've tested ourselves, my scrupulous dear.
How close to our limit - how little of our
    endurance remains.
And everywhere we walk the razor's edge,
    the chipped and ragged blade.
And always we are on the side of the road . . .
    outsiders,   ignored.

Oh, yes.   Amicable friends we sometimes see.
To them, urbane and pleasant we.
New senses, feelings gone - lost places.
And in our minds increase the faces
    who we forget . . .

Прорица́тельница

Прорицательница.
Чёрный плащ.
Машешь крыльями
для чего-то.
И для дела, наверно, стращаешь,
имитируя страсть полёта.

И меня
задеваешь кистями -
я в косички их заплету...
Подскажи мне,
какими путями
я *к себе* навсегда добреду...

На котором прыжке -
на стокра́тном ? -
Кисти, кости и плащ распушив,
ты допрыгнешь
           до *тайны* Сократа?..*
И не будешь уже мельтешить.

---

   * Критерий Сократа : "Познай самого себя"

Witchy Woman

There she goes, witchy woman.
Here and there and everywhere.
See her outstretch and swirl
Her big black cloak.
She feigns to be flying,
Flapping her arms in the air.
Watch her conjure up her spells -
Great passions invoke.

See . . her tassels unbraided -
Her coat with its fringings.
She tries now to touch me.
Her voice croakings sound.
Coat thread-hairs brush on me.
I will grasp their impingings
And take these long strands
And braid-wind them 'round.

Give me a hint:
Which way to go -
To find myself forever.
In which leap-hundred number?
Having fluffed up your tassels,
your cloak and your bones,
Will you snatch Socrates' secret? 1.
At last not fuss, I wonder?

      1. Socrates quietly gained great self-insight.

Я снова иду вперёд,
                а ноги несут назад,
а руки ушли в полёт...
В пространстве
                блуждает взгляд.

Контакт

Движение руки такое плавное:
Так обтекает облако луну,
Так жёлтый лист в лагуне тёмной плавает
И занавес колеблется от ветра ...

Движение руки. Руки касание.

Forward going
    but backwards walking,
Open arms . . . flying
    and space gaze-wandering,
I.

literal
And I go forward
But my legs carry me backwards.
My arms open in flight . . .
My gaze wanders in space.

Contact

The movement of the arm:
So fluid, like streamlined feather-soft cloud
Bending around the moon.
Like yellow leaf sailing on indigo waters.
Or curtain a-flutter on soft window breezes . . .
The movement of the arm. The arm's touch.

Врагу не пожелать
            такого сна .
В него как ка́нешь -
            и не всплыть обратно...

Моя трагедия или моя вина :
что кто-то разглядел на солнце пя́тна,
я ж свет не видела из-за пятна́.

I wouldn't want to wish this dream
                    upon my worst enemy.
Going into it, as into styx, to slip down
                    and disappear is the option.
Coming up again into the light can never be.

Is this my guilt or is it my tragedy? -
That someone discerns and considers
                    the patch-stains on the sun.
Yet, Light, bright-free, . . .thine.
But I cannot see any light at all,
                looking from behind,
                with one patch-stain blocking.
Only black, dark-covering, . . .mine.

literal
I won't wish such a dream
                  to my worst enemy.
If you fall into it
You'll never come to the surface . . .

Is it my tragedy or my fault:
That someone discerned spots on the sun
While I saw no light behind the spots?

Диптих о скорби
Стансы
I. Скорпион

Скорбь моя -
Скорпион, поселившийся в сердце.
Скро́ю я
В его теле живом твоё те́льце.

Сколько раз моё сердце сожмётся
                            любовью
Столько раз оно вздрогнет, очнувшись
                            от боли.
Навсегда
Ты со мной, мой чешуйчатый житель.
Я твоя.
Твоя жертва, защита, обитель.

Скорби яд в мою кровь тебе выплеснуть
                            жаль ли ?
Говорят, ты в огне можешь сам себя
                            жалить...

Dual Stanzas of Sorrow

I. Scorpio

My sorrow -
Scorpion, settler in my heart.
I conceal within my living heart-shelter
                  your little body.

As often, my heart shrinks with love.
As often will it shudder, awakened by pain.

Forever you are with me, my scaled dweller.

I am yours, your sacrifice, protector, cloister.

You don't sorrow after poison-splashing
                  my blood.
When fire surrounds you, people say that
                  you may sting yourself . . .

II. Изы́ди

Изы́ди вон !
Покинь мои пределы !
Я выжгла на тебе своё тавро :
                проклятие
            избранницы Кибе́лы*
за пре́данное тело и Добро.

Посмел войти
и жертвенник остылый
ты, корчась,
окропить хотел, чем мог.
Но, вскрыв свои растянутые жилы,
не кровь ты пролил -
                вялое дерьмо...

Но этот смрад извергнутых скорбе́й
не жертвенный огонь уничтожает.

Ползёт уже священный скарабей
и шар навозный для себя скатает.

———————————
* Одно из имен богини Исиды.

II. Leave My World

Go, slime!   Leave my world!
I cauterize you.
I brand my mark into your face.
For I am Isis, the chosen one, giving -
            and to you be damnation!
For you are the betrayer of all good,
            and betrayer of bodies.

You dared to enter wanting to make sacrifice
            on my cold altar.
And so you severed your blood veins,
            and shed, instead of blood,
            flaccid rubbish.

Perhaps you have much sorrow.
But when you told me about your suffering
            I touched you . . .
            your stinking smelling.
No!   This putrid stenching
            is not for the sacrificial flame.

And already creep the sounds
Of the symbolic scarabaeus ball-makers
Rolling your vileness into manure.

Калитка

На улицу калитка　　　распахнута,
　　　　как　　　　　　отброшена -
по лицу улыбка:　　　　и грош цена.

Gate

A gate into the street
Is flung open with careless indifference,
Like a big, spurious facial smile.
It is worth a brass farthing.

"Spirit"
from child's water-
color art...
Vladivostok orphan

Вы́светилось,
Отлилось в форму дерева,
                    скрю́ченного ветром.
            И я -
                        Вепрем,
            врывшимся в жгуты
                        корней...
А днесь привиделось :
                        древняя
                    старуха в окне
мо́лча мотает клубок пряжи,
                сейчас скажет
                                мне :
"Время пошло отсчёта
                    прощённых дней ..."

Looking into darkness,
Gathering light suggests
A black-centered form
              appearing . . .
              weathered tree.

As from my calendar birth sign,
I burrow, gouge, a wild boar,
Pleated roots
              tearing . . .
              ripping free.

An apparition now, windowed,
Ancient elder-woman there,
Yarn-tangle
              shaking . . .
              winding silently.

I yearn that she might tell me
"Time anew, all future days . . .
God's forgiveness and His mercy be for thee."

Иван Карамазов:
"Я хочу видеть своими глазами, как лань ляжет подле льва и как зарезанный встанет и обнимется с убившим его. Я хочу быть тут, когда все вдруг узнают, для чего всё так было. На этом желании зиждутся все религии на земле, а я верую. Но вот, однако же, детки, и что я с ними стану тогда делать Это вопрос, который я не могу решить."
Фёдор Достоевский. **Братья Карамазовы**

Поэтическая реминисценция по роману Фёдора Достоевского

Глаза у Мадонны содо́мны.
Пылая и плавясь от горя
              в Гоморре,
Глаза отражают проклятия каждой матери.

Она принимает и выдержит, вынесет
Любой приговор, что Ей Бог Её вынесет.

Всем будущим детям и их матерям
              во спасение,
Мадонна, смотри !
И не вырази *тени* сомнения...

Пусть те, кто погибнут,
              хоть казнь свою
Подвигом *высвятят*...

Из пламени *голуби, голуби,*
            голуби вылетят.

> "*I want to see with my own eyes the hind lie down with the lion and the victim rise up and embrace his murderer. I want to be there when every one suddenly understands what it has all been for, All the religions of the world are built on this longing, and I am a believer. But then there are the children, and what am I to do about them? That's a question I can't answer."*
> Ivan Karamazov
> Fyodor Dostoevsky <u>The Brothers Karamazov</u>

A Poetic Allusion about Fyodor Dostoevsky's Novel

Madonna's eyes are Sodom-like.
Flaming and fusing from grief in Gomorrah,
They reflect the damnation
Of every mother.

She accepts.
Tolerates and endures
Any trial that Her God imposes.

Madonna, look!
And have **absolutely** no doubts.
It is for the future salvation
Of the children and their mothers.

Let those who will perish
Brighten up their execution
By their **courage** . . .
From out of the fires, the **doves**,
Doves will fly out.

> Ждать с войны, из дальнего странствия сына, мужа... день за днём, месяц за месяцем, год... и всегда ночь за ночью.

Бессоница

Я не засну.
Я глаз *не открываю.*

Я проглядела все глаза впотьма́х.

Как пламя в жидком воске утопает,
Так угасает свет в моих глазах.

Very many Russian women waited and watched for their sons and husbands to return from war. For days, months or even years they watched for their loved ones in vigil, often futile, perhaps by the village railroad tracks. They watched and waited both day and night.

Insomnia

I cannot sleep.
I *don't open* my eyes.
My seeing withers.
I have looked and looked
Through the darkness.
Like a flame
That sinks in the liquid wax,
Light fades away
In my eyes.

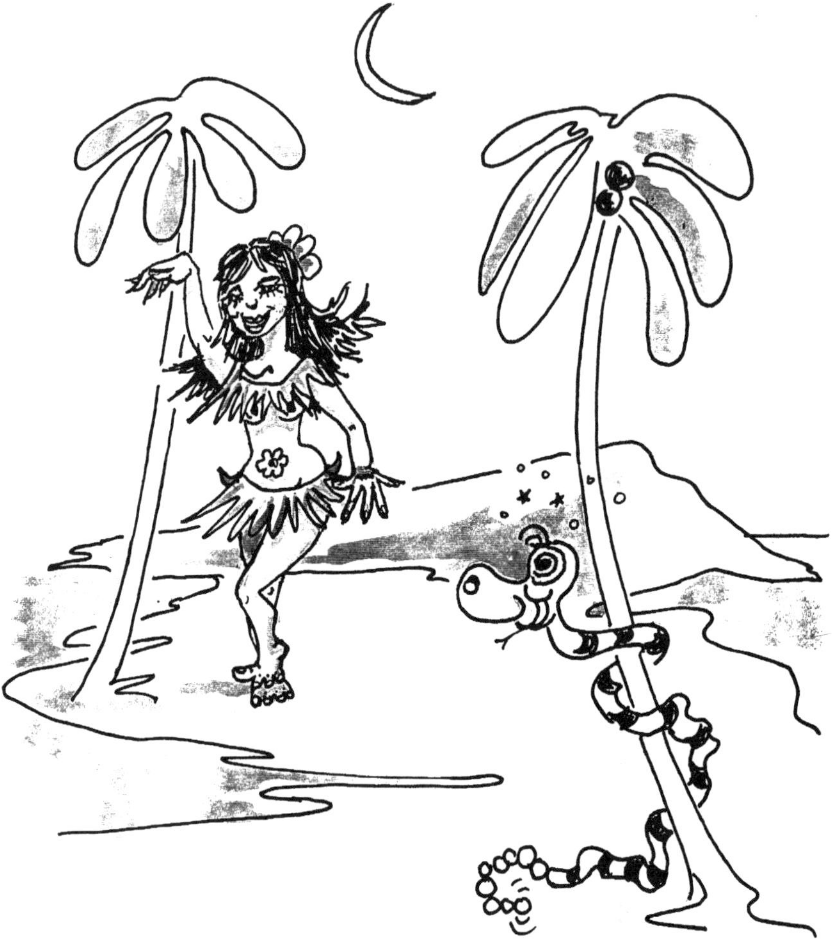

О времени

В ожидании Фауста
Подарок Аляски
Отражения
Закупорка вен
Математика и физика
Метафизика
Острова в Океане

About Time

Expecting Faust
Sensations after Meeting Alaska
Reflections
Vein Blocking
Mathematics and Physics
Metaphysics
Islands in the Ocean

В ожидании Фауста

Рассыпались
      как бисер многоцветный
      мгновения.
И времени узор утратил свой
      незыблемый порядок.
      Мгновения *на выбор!*

      Бедный Фауст!
Вот для тебя - мгновенье торжества...
Ты мог бы с многоопытностью мужа,
      познавшего сомнения и страхи,
      достойный! -
взять свой бесконечный миг.

Я ж, женщина - *стою.*
      Досада прожигает мои кости.
Возможность выбора меня лишает воли.
Не надо изощряться - так возможно,
      так достижимо счастье!..
...Но, не выбрать,
не выхватить *той* капли мне,
      которой я б жажду утолила...

Expecting Faust

Scattered like many-colored beads,
> the moments of time, time patterns,
> forfeit their unchanging order.

Time moments for choice.

Poor Faust, here is for you
> time moments for celebration!

You call with all your man's wisdom
> and man's mastery of doubt and fear.

With dignity choose your endless moment.

But I am a woman!
I am standing. I stay.
Annoyance fire burns through my bones.
Possibilities for choice steal my willpower.

No need to cultivate refinement.
So possible, so approachable is happiness!
But one drop alone will not satiate the craving
> or prove adequate to soothe.

Impossible for woman.

О, женщина -
проклятое созданье!
умри во мне,
      как умирает воля,
      как радость,
      как способность удивляться.

И я свободна стану от Природы,
внушающей мне тысячу желаний.

...А силы нет добиться одного.

Oh, woman -
Accursed creation!
Die in my mind . . .
        like will dies,
        like joy dies,
        like an ability to wonder dies.

And I will be free from my nature.
And free from its hypnosis with a thousand wishes.

But I have no power to achieve a single one.

Подарок Аляски

*Её чистые воды объяли меня,
её острова - земля обетова́ния моего*

Прожив полвека,
я перестала чувствовать годы.
А время для меня теперь -
дивные потоки прожитого, понятого,
прочувствованного:
обратимые, сочетающиеся, расходящиеся...

"Нельзя войти в одну реку дважды,"-
утверждает мудрец.
Да, наверное, если ты вне реки.

Но если ты и есть эта река?..

Sensations After Meeting Alaska

Having lived for half a century,
I don't have sensations of my age anymore.
Time has become moving streams
devoid of discreet character, effortlessly
dispersing my experiences, wisdoms, sufferings.
These are time streams - spreading, rising,
separating, compressing, falling, bypassing.

An old maxim asserts the impossibility of
entering the same river twice.
Perhaps this assertion can be proven, but
only assuming that one first leaves the flow.

But if I am *myself* the stream?..

Отражения

Со́льное пение смолкло...
Хор ли вступить опоздал?
В воздухе влажно,
                травы намокли,
эхо не слышно у скал.

Лунного света томле́нье
                где-то уже за горой.
Это минута успокое́ния
                или навеки покой?

Тёплое и серебристое тихое лоно земли.
Мы здесь надолго?
Мы на привале?
Или навеки пришли?

Вот и Луна, как явление и отражение Дня.

Жёсткое солнце
жизни холодной,
ты отпускаешь меня?

Reflections

Solo singing has fallen silent . . .
Why is the choir so late entering?
The air is damp.
The grass has wettened.
Echo is not heard near the rocks.

Languorous, pale moonlight
                      is beneath the mountain rim.
Is it a minute of calmness,
                   or is it peace forever?

The quiet bosom of the earth is warm and silver.
Are we here to stay long?
Or just time for a short halting?
Or, do you think, have we come forever?

Here is the Moon, as a phenomenon,
                     and a reflection of the Day.

Severe Sun
Of the cold life,
Do you let me go?

Закупорка вен

И как ма́ется, ма́ется сердце.
Не досада -
            тоска́ покая́нная.
Не приемлет Господь окаянную.
Потому -
      ни заснуть,
                  ни согреться.
А в мои "много девять"
            что делать?
Все ушли.
И осталось по вере...
Рак и Рыбы, родившие Деву.
Рак и Рыбы -
в каналах артерий.
Дни - не дни, и слова - не слова.
Рак и Рыбы, родившие Льва.
Тромбы крови - созвездий знаки:
кто родился в каком Зодиаке.

Vein Blocking

literal
How my heart is tormented,
        tormented.
It is not vexation,
        it is anguish and repentance.
God does not accept me,
        me, accursed.
        Therefore
I cannot either sleep, or warm myself.
But what should I do
        In my "old" age?
All are gone.
What is left for me is for my faith . . .
Cancer and Pisces, who gave birth to Virgo,
Cancer and Pisces, -
In the channels of arteries.
Days no days and words no words.
Cancer and Pisces, who gave birth to Leo,
Clot in my blood - constellation symbol:
Who is born in what zodiac.

Математика и физика

Сведе́ние к нулю.
          К за́мкнутости пространства.
Отсече́ние бесконечности.
        Свидание с болью.
        Как долго время.
        Как много его.
        Как разрывает оно мгновения!
        ...а меня абсолютно
лишает беспечности.
Визгом
      разрывает мой мозг
не вытянутое в звук терпение.
С лязгом
      закрываются последние поры,
через которые питалась моя жизнь.

Глухой звук стука извне́,
        ...на который сейчас я открою.
Пора́. Я готова. Спокойна. Устала.
И . . . в бездну.
        Снова
там стану беспечна, бесплотна, без боли..
И в бездну.
              И в высь!

Mathematics and Physics

Compressing to zero.
        Compressing to closed space.
Cutting off of infinity.
      An appointment with pain.
      How long time continues on.
      How greatly such time is growing.

          How instantly explosive is time!
    . . . And this absolutely deprives me
        of freedom from carelessness.

My suffering cannot stretch outward
                to grow beyond me in sound.
Screeching only within my brain,
            it detonates there.
The last pores to feed on my life
            now shut with a clang.

From outside,   . . . muffled knocking,
            and now I open to it.
It's time.   I am ready.   Composed.   Tired.

And, in abyss,   Anew,   There . . .
I regain my freedom from care,   incarnate,
            without pain . . .
And,   into abyss.
           And into height!

Метафизика

Зажглась запы́ленная лампа.
Я в странной комнате одна.
Просыпал кто-то пепел на́ пол.
Бокалы тусклые вина
стоят, не выпитые ими,
и убаюкивают свет...
скажите мне хотя бы имя
того, кого на свете нет!

На мягкой бархатной подушке
лежит пушистый старый кот.
Глаза свои он то потушит,
то снова, страшные зажжёт.

Metaphysics

Covered in dust, the lamp lights.
I am alone in a strange room.
Someone has spilled ashes on the floor
And the dull goblets stand full with wine,
Untouched.
They lullaby the light . . .
Only tell me the name of the one
Who abandoned this world!

And a fluffy old cat dozes
On his soft velvet pillow.
He would extinguish his frightful eyes,
And then he would light them again.

Острова́ в Океане

> На Гаваях нет змей,
> и никогда не было . . .

Сколько покрыва́л у земли?
Трава, снег, цветы, пух...
Угадаешь, постигнешь ли
    слова́, смех, любовь, Дух ?

Я сейчас в упоённой собою
    от любви, океана и солнца,
навсегда упоённой собою,
    до скончания дней упоённой,
утаённой от стольких и стольких,
    первобытной, такой беззащитной,
под магическим словом сокрытой...

Словно прежний восторг вспоминая,
    Он творил и вернуть уповал
    первозда́нную свежесть Рая
    этим маленьким островам.
Зелень гор и кружево лавы
    и фаво́рская синева...
Может быть, я совсем не права́.
Это просто " земля - территория"...

Islands in the Ocean

                Hawaii has no snakes
                nor has it ever had them . . .

How many robes has the earth?
Grass, snow, flowers, bits of fluff . . .
Who, possibly, can absorb it? . . .
        words, laughter, love, Spirit?

And now I am in the land
        which has an ecstacy about itself.
It is a rapturing as from love, from the ocean,
        and sun, and a shining,
        and it is a bliss-state for everyone.
These are islands in such self-ecstasy
        as might be known
        at the world's ending-time.
And so secret and hidden,. . .
        lands so Creator-hidden from so many.
It is as though, in remembering His former joys
        and creating delights,
        God created again - Hawaii.

Perhaps I am mistaken.
Remembering past pleasant work, could these be
        His new creative experiment in beauty?

Но!
    Что она - территория Рая?
    Что Он думал, резвясь и играя
в камни, травы, зверей и Слова́?

Птицы. Рыбы. Изящные, быстрые
    не мангусты, не кошки - "зверьки"?
Только в танце
    напоминание о "губителе Мироздания"
    - извивание смуглой руки...

Я темнею стареющей кожей.
Я седею как патриарх.
    И на прежний совсем не похожий
    и последний уходит страх.
Ты запомнила?
Ты открыла?
Ты нашла продолженье строки?

Я нашла.
Но начало забыла.
Иль смахнула движеньем руки.

What do you think is, for God
        the concept of Paradise?
What was He thinking about
        in his creative play, with His
        stones and grass and animals?
When God created,
        could He have frolicked about
        and romped in laboratory play?

Trusty bird.   Curious fish.
Little furry inhabitants - maybe mongoose?
Only in dancing,
      when woman's arm meanders,
      in poise, hypnotizing,
There is envisioning of "Paradise Lost"...

My skin darkens under the sun.
My hair grays, as of a patriarch.
Fears change for me, too,
      with a going-away final fear
      scarcely like all earlier.

Did you remember?
Have you discovered?
Did you find the continuation of the line?

I have found.
But I forgot the beginning.
Or, perhaps I brushed it away with my hand.

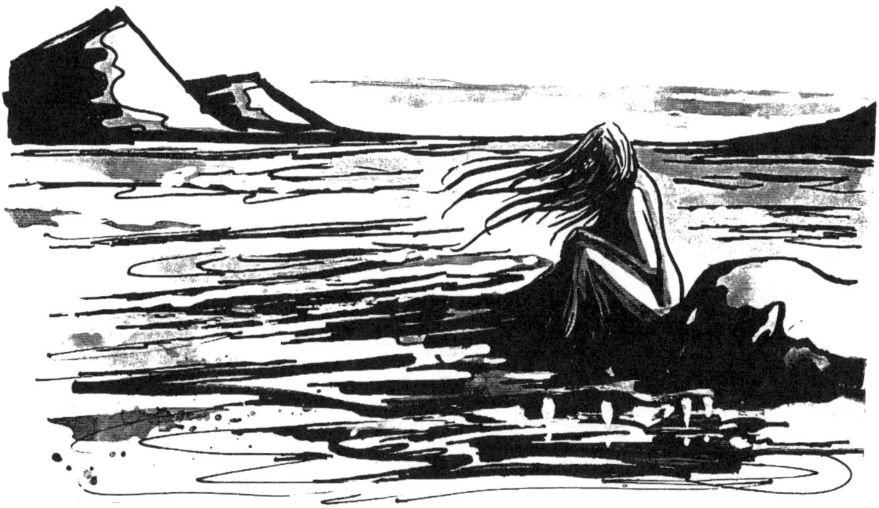

Встречи и потери

Ты прости-прощай ...
Как странно
Я не хочу тебя терять ...
А любовь моя ...
...Не от страстей
Мужчины, которых я выбирала
Глаза́
Вдова Посейдона
Обрывки галлюцинаций
...Судорога
Ненаглядный ...
Эпитафия
Невеста приговорённого
Какая боль тупая

Meetings and Losses

You, for Now and in the Future ...
How Strange
I Don't Want to Lose You ...
And My Love ...
Not from Passions ...
Men Whom I Chose to Know
Eyes
Poseidon Widow
Hallucination Fragments
A Convulsion ...
My Beloved ...
Epitaph
Fiancee Before Execution
Pain Is So Obtuse

*На Руси,
когда покидают родных
или расстаются с любимыми,
говорят : "Прощай..." -
прощения просят
и за прошлое, и за будущее...*

Ты прости- прощай,
Моя Радость.

Я не выдержу
Своих ожиданий . . .

You, for now and in the future,
Do not remember my guilt,
My delight.

I abandon you.

I don't sustain my expectations
any more . . .
any longer.

literal
Forgive and farewell,
My delight.
I will not endure
my expectations . . .

Как странно

*Омонимика - сходство слов звуковое
или графическое при различии
значений.
И.Ожегов.Словарь русского языка*

I. Как странно:
Друг друга значение помним мы.
А вроде давно, далеко разбрелись.
Я знаю:
С тобою мы люди-омонимы.
Как будто одно, но у каждого
                    личная жизнь.

II. Не пишешь:
Значенье моё не из той графы́,
И му́ка тревог от тебя далека.
Я знаю:
С тобою мы люди-омо́графы.
Ты прав:"Перемелется - будет мука́".

III. Запомню
Как долго молчат телефоны.
Заполню молчание грохотом фраз.
Затонет мой голос. Ведь мы "омофонны".
Созвучие - то,что не сблизило нас...

literal ## How Strange

Homonymy - sound or graphical identity of words with different meanings.
I. Ozhegov, Russian Language Dictionary.

I. How strange:
We remember each others meanings.
Though we've been scattered so long ago.
I know: You and I are people-homonyms. 1.
As if we are one, but each has life of one's own.

II. You do not write:
My meaning is of a different paragraph.
And the torment of worries is far from you.
I know: You and I are people-homographs. 2.
"It will all come right in the wash,"- you are true.

III. I'll remember
The lengthy silence of the telephones.
I will fill this silence with roar of phrases.
My voice will sink.
And we are now homophones . . . 3.
The accord has failed to bring us together .

1. Homonyms - same sounding words, often same spellings, meanings differ.
2. Homographs - same spellings, but words differ in origins, meanings and sometimes pronunciations.d3
3. Homophones - same sounding words; spellings, origins, meanings differ.

Я не хочу тебя терять,
Любимый!
Твои глаза, твои слова,
Имя.

Но рук твоих, холодных рук
бестрепетность
Уже давно, давно (не вдруг)
Приносит весть...

А любовь моя
Опять не торжество.
Моё сердце
Застывает, а не тает.

За внимание, за взгляд
И голос твой
Я в долгу.
И я верну, благословляя.

literal
I don't want to lose you,
My beloved!,
Lose your eyes, your words,
And name.

But the coldness of your arms
Your arms indifference
Long - long ago (not suddenly)
Have brought knowledge...

literal
And my love
Is not a celebration again.
My heart
Freezes rather than melts.

For your attention, for your glance
And for your voice
I am in your debt.
And I will pay back, with a blessing.

От бессилия дрожу.
                      Не от страстей.
Не от ласки задыхаюсь,
                      а от страха.
Под рукою снисходительной твоей
Замираю, словно пойманная птаха.

Ради Бога, не сожги, когда сниму
Огрубевшую, продублённую кожу.*
Я вернусь в неё опять,
                      когда пойму:
Ты скучаешь, ты уходишь,
                      ты не можешь.

* Думаю, не надо объяснять, почему нежная кожа царевны-лягушки грубеет от жизни и судьбы, и никакая премудрость от этого не спасает.

Not from Passions . . .

> In an old Russian fairy-tale, a she-sea lion takes off her skin and turns into a beautiful girl, princess Vasilisa. Upon her husbands burning of the skin she is taken to a sea cave by the eternal mythological monster, Kashey. After much travail and searching, her husband rescues her.

Not from passions but from my weakness,
    I shiver.
And from fear rather than caresses,
    I suffocate.
As if I am a captured bird, I shake
    under your condescending arm.

For the sake of God,
Do not burn up my coarse, frog-like skin
    when I take it off.
I will return to it when I understand
    that you are bored.
    that you are abandoning me.
    that you can no longer manage.

Мужчины, которых я
            выбирала,
вас много?
Вас мало ?
Когда я об этом подумаю строго -
вас много.
Когда я почувствую, как я устала -
вас мало...
И сразу становится легче
            одной коротать чудный вечер.

Men Whom I Chose to Know

Were there many of these persons?
Were there few?

When earnestly I think about this topic,
For sure, indeed, I know of quite a bunch.
Am I tired or a little philosophic?
Not much. No. No. I think I'll go to lunch.

Глаза́

Глаза́, наполненные ужасом.

Глаза́, в которых сила мужества.

Глаза́, распахнутые настежь.

Глаза́, дымящиеся страстью.

Глаза́, трепещущие болью.

Глаза́, залитые любовью.

Глаза́, пытающие душу.

Глаза́, чей взгляд как петля душит.

Не снитесь мне !   Я всё забыла.
Я вас и мига не любила.
                              Я вас искала.
И нашла.
                                  Нашла.
Взглянула.
                                  И ушла.

Eyes

Eyes, freezing with horror.

Eyes, stiffening with courage.

Eyes, opening wide.

Eyes, inflaming with passion.

Eyes, trembling with pain.

Eyes, flooding with love.

Eyes, soul torturing.

Eyes, noose-smothering staring.

Appear no more in my dreams!

I forget everything. I did not love you
 for one moment.
I looked for you. And found.

Found. Glanced . . .

And went away.

Вдова Посейдона

Вдова . . . Вода
Обнимала меня
И ласкала.
Всех слёз Земля
Не впитала, отринув...
Устала.

Удар - круги...
Жизнь моя и во мне,
И в миру́.
Реки изгиб
Как платок Покрова́
На ветру́.

Проси меня
Жить и жить,
И простить,
И принять.
Проси меня
И не помнить,
И не призывать.

Poseidon Widow

Widow . . . Water
Embraced me
And caressed.
Tired,
earth could not absorb
all tears:
and pushed aside.

Splash - circling ripples . . .
my life is both intimate,
and secular.
River's bend
is like a hearse-cloth
blown into wind.

Entreat to me
that I live,
and should forgive
and should accept.
Entreat to me
that I not remember
and not appeal.

Два дня
Смогу
Не касаться ни тайны,
Ни дна.
Проси опять !..
          и опять,
          и опять...
Я - одна.

Коснись,
Рука,
Этой гибкой, податливой
Плоти.
Вода . . . Вдова.
День не брезжит.
И ночь на излёте.

Зеркал миры
Чёрный плат
Затянул с этих лет.
И лишь
Вода
Отражает и помнит
Твой свет.

Two days
I will endure
not wishing to touch
either death secret
or the bottom of the depths.
Entreat to me
again
and again . . .
and again . . .
I am alone.

Touch my palm
to this - flexible, pliable,
fresh.
Water . . . Widow.
Day spashes no light.
Night, swiftly flying,
goes away.

Black shawl
covered
mirror worlds
since this time.
Only water
reflects and remembers
your light.

Обрывки галлюцинаций

> *"О, если правда, что в ночи,*
> *Когда покоятся живые,*
> *И с неба лунные лучи*
> *Скользят на камни гробовые,*
> *О, если правда, что тогда*
> *Пустеют тихие могилы,..."*
> А.С.Пушкин.Заклинание

Нет!Больше не пущу.
Заплáчу.
Закричу.
Загорожу дорогу. Кинусь вслед.
Уж сколько лет ищу,
Пробую, нащупываю
Обратный путь во тьму угасших лет.

Не время жить.
Не время умирать.
Гармонии ни в том, ни в этом нет.
Рука дрожит...Немеет.
И опять
Ты гонишь меня
В сегодняшние
Агонию и бред.

Судьбе
Мой суд я вынести правá!

Hallucination Fragments

"Oh, if it is true that in the night,
When the living go to rest,
And from the heavens lunar rays
Glide on sepulchral stones,
Oh, if it is true that at that time
The silent graves are emptied, . . ."
              Alexander Pushkin "Conjury".

No more do I allocate you back.
I'll cry.
I'll shout.
I'll stand and block your way.
I have been looking for, searching for,
Trying to touch the way back to the dying time
For oh, so many years!

It is not the time for living.
It is not the time for dying.
There is no harmony between the two.
My arm trembles so. . .
It has grown numb.
And you again dismiss me
And send me away in present day agony
And present day delirium.

I am Right. . .
Right to give sentence to my fate!

Мне плётку подаёшь?
С *какой любовью*,
Не мучаясь,
А наслаждаясь болью,
Я ненависти высеку слова!

Не огненные -
Кровные мои -
Слова проступят под ударов сви́сты...
Пока не встанешь ты
И не начнёшь молить,
Не в силах вынести
Разгула мазохистки.

И больно руки мне
Заломишь ты.
Какое счастье - ненависть твоя!..
Ужели же
Так способы просты́ -
Отсечь твой путь за грани бытия́?

Do you pass the whip?
Oh yes?   With *greatest love,* of course.
But I am not tormented.
I delight in pain.
And I whip-carve out in writing on my arm-skin
My hate words.

Not fiery, this writing manner.
Whistling, whip-lashing, etching instead.
My own bloody words will emerge, inscribing.
And perhaps you'll get up and pray to me,
"No more hitting".
Perhaps so, not having the willpower to endure
More of my masochistic revelry.

And perhaps you will wring my hands to stop.
What delight is your hatred!
Are the paths so easy cutting your way
across the frontiers into reality existence?

Угол скул заострила
                судорога.
Стон скулящий
паутиной повис.
Это до́рого
           до испуга -
голос твой
          и лица абри́с.

Ненаглядный мой,
родной,
ближний!
Судьба ли нами так легко вертит?
Было мало мне
твоей
жизни.
Навек полна́ теперь твоей смерти.

literal
A convulsion sharpened
    the cheekbones
A whimpering moan
    is hanging like a web.
It is so frightfully
    clear -
Your voice
    and the contour of your face.

literal
My beloved, my darling
Neighbor!
Is this the fate that rotates us
So easily?
I have never had enough
Of your life.
Now I'm forever overflowing
With your death.

> "Потом берёт Его диавол в святый город
> и поставляет Его на крыле храма..."
> ***Матфей**. Гл.4, 5*

Эпитафия
*Елене Лобовой, подвижнице
и созидательнице, прекрасному художнику,
создателю кафедры дизайна во Владивостоке.
...Скоропостижно скончавшейся.*

Как хрупок мир! Как остриé графита...
Но в паутине линий возникал
Кумир с безумным взглядом неофита
И угол скул, и яблока овал...

У Храма на крыле - какой обзор !
Никто не искушал, но брошен **камень**.
Как медленно, как тяжко он взлетал -
И рухнул бы ... Но ты *его* руками...
    О, не лови ...Елена !
                            На краю
Стены стобашенной, такой миражной Трои
И я, Кассандра древняя, стою́.
Как все мгновенно. Все мы здесь изгои.
Как зябко на юру. Будь проклят этот "юр"!
    Афи́нянка!
Как туго мы судьбою спелёнуты.
                      И не моя вина,
                        что там, где ты,
Нет крика, нет покоя, нет ничего,
Чтоб спáла **пелена** ...

Epitaph

Helen Lobova was a superb artist and the organizer of the art graphic design department at Vladivostok University. Her art was a contrast in content. She lost her leadership position due to jealousy and politics. Deeply hurt and unable to forget these "stones", Lobova died soon thereafter from cancer.

How fragile is the world!
How easily broken is the artist's graphite.
From countless stroke-lines, spider-webbed and
gossamer, emerging power-idol portraits stare.
Yet also, works so soft and gentle -
artist apples - light and oval there.

You survey your vast domains on pinnacle high.
None tempt you there at your cathedral.
But *a stone* is thrown *at you* from far below.
It climbs slowly, but you stop its falling back.
You reach, and you catch it.
Oh, no, Helen!   Don't catch it!

I too, like old Cassandra, stand high at the edge -
my stance - on the miracle of Troy wall fort.
How momentary, - all. For all, - banishment.
For all and all things is freezing on such heights.
Be damned, lofty powers on high!   Athenian!

How swaddle-limiting is fate.
It's not my guilt, your dying. And it's not possible
to shout or to soothe beyond the grave.
In the grave there is no knife to cut your shroud.

Невеста приговорённого

Зачем фату - не взгляд свой -
отвела?
В чём не раскаялась?
Что не смогла? -
                Любить из-под камней?

Несчастная!
Ужéли
нет сил
      любить того,
кто вовсе не любил,
                но был!
Тюрьма - его судьба.
Не сладок ему мёд.
              Но сладок,
              сладок
прокалённый лёд...
Как Смысл извращён!
Как солона постель,
впитавшая чужой и смертный пот
любви, изнеможения...
                    "В расход!.."
На стенах сроки, строки и сердца
                    разбитые...
Фата. Фатальность. Бледный цвет лица.

Fiancée Before Execution

You pull aside your veil. Why?
You choose to expose your face, your eyes.
You do not avert your gaze.
Don't you repent? Don't you atone?
And can't you love beneath a stone?
Is it impossible that it be done?

Unfortunately, this understanding to acquire.
You really do not have the power
to love, if unreturned, love's fire.
(from him, no understanding - no desire).

He did not feel a love on earth.
Existence only, his - no worth.
And honey to his taste - no treat.
Ice freezing only found he sweet.
And his life-stream all convoluted,
sense-distorted, self-polluted.

Before, of him, love's wondrous dreaming,
Now just a bodied place - sex bed.
Smelling, sweating, stinking, steaming,
Love dreams withered, vapored, dead.

Then execution. Then his shooting.
You are reading everywhere
On prison wood, grafitti writing.
Much to say. Much to share . . .

Какая боль!
        Какая боль тупая...

Как надоел мне этот сухостой!
Цепляет за подол меня, цепляет...
Но так ли осторожно я ступаю,
чтоб не спугнуть свой собственный покой?

Но я иду, сама не знаю как.
Давно, быть может, пропустила сроки,
давно зачахли чистые потоки,
и я не разгадала Божий Знак.

Но я иду, опутана травой.
Какая боль, какая боль тупая...
Завой, волчица! Не молчи - завой!..

Луна заходит, влагой истекая.
До солнца долго...
                Где Хранитель мой?

Pain Is So Obtuse

literal

How painful! Pain is so obtuse, so dull.
So burdensome to me is the dry valley!
Thorns clutch and clutch at my hemskirt,
But do I step carefully enough
Not to scare away my peace?

But I still go, not knowing how.
It's possible that long ago I've missed the terms,
and that all pure running streams have dried up,
and that I have not solved God's sign.

But I still go, entangled by the grass.
How painful! Pain is so obtuse, so dull . . .
The moon is setting, vaporing the mist . . .
Sunrise is a long time away . . .
                    Where is my Guardian?

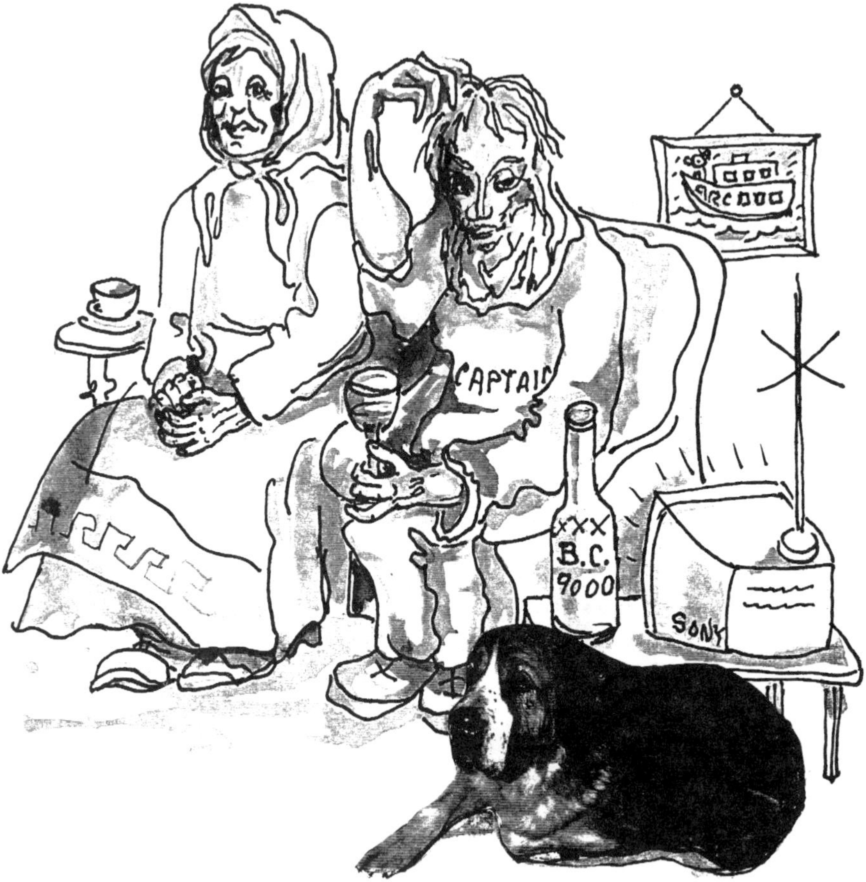
CAPTAIN
XXX
B.C.
9000
SONY

Превращения

Осенняя элегия
Ссыльная Арахна
Полубогу
Инкарнация (Волчица)
Снежная радуга
Проблемы старой дочери
На покое
Эпиграмма 1. (Сразу клюнула
 идея)
Сирин

Transformations

Autumn Elegy
Exiled Arachna
Divided God
Incarnation (She-Wolf)
Snowy Rainbow
An Old Daughter's Problem
At Repose
*Epigram 1 (Suddenly an Idea
 Bit Me)*
Siren

Осенняя элегия

Липа,
жена моя нагáя...
Сбросив одеянье золотистых тканей,
смуглыми руками поправляешь
                         волосы,
пáря́щие как ветви.

Я иду.
А ты не убегаешь.
В каждом жесте вижу ожиданье -
оторваться от земли,
                  кружиться
Чёрной Птицею в осеннем ветре...

Наконец,
ты дождалась того,
кто сквозь призраки легенды старой
разглядел в тебе огонь живой :
ты не дерево ...
                  Ты - жрица.
                  Ты - апсáра.

Autumn Elegy

Lime,
my naked wife . . .
Your golden ochre garments
        fallen down about you.
And your hair,
    with abandon,
        wind-flying like branches.
And you smooth it with sun-darkened arms.

I approach
but you don't withdraw.
And you gesture for release.
You reach for liberation, expecting . . .
You yearn to be airborn, . . .
        . . . to twirl . . . dance . . .spin,
    like a blackbird on the autumn wind.

Finally,
the one for whom you waited.
Who,
through the ghosts of an old legend
        saw the fire of life within you.
You are not a tree.
You are a priestess of love . . .
Apsara.

Я твоим восторгом
                потрясён.
Ожиданием твоим
                подавлен.
Я не чувствую,
        что знал Пигмалион.
Я его не постигаю тайны .

И не в силах я тебе помочь
стать прекрасно-смуглой
                    Галате́ей.
Слышу только
        сердце снова точит
осени сквозящей   запустенье ...

I was surprised by your delight and saddened
               by your waiting.
I don't feel what Pygmalion knew
                   and I can't reach his secret.

But I cannot help you to become a Galatea.

I do not have the strength,
               my dark-skinned priestess.
I only feel fading desolation gnaw at my heart.

And the colors of autumn are ending . .
             so pale.

Ссыльная Арахна

Студёно.
И нóщно,
и дённо.
Дыхание вижу.
И бледною плёнкой подёрнут
стакан.

И паук обездвижен.
И пальцы опухли - не шьют.
Сижу с сигаретой и тлéю.

И только снежинки снуют,
заносят аллею.

Exiled Arachna

So freezing cold.
All days.
All nights.
I see my frost-breath.
And the glass shows a condensation pallor.

And my spider stands stock-still.
My fingers are stiff-swollen and do not wave.
I sit with my cigarette and decay.

And only snowflakes dart and rush.
And cover the avenue.

Полубогу

Злой ёрник, светлогла́зый Пан,
свирель твоя не Аполлона лира.
Когда в безумной панике полмира,
ты полутрезв, а то и полупьян.

Знать, что на свет тебя произвели
свободные насмешливые боги -
увидев, что родился козлоногий,
на вечное сиротство обрекли...

Внима́ть молитве. Осквернить алтарь.
В пыли веща́ть. На троне унижаться.
Закрыть собой. Кощу́нственно смеяться,
взводя на крест безропотную тварь.

Как месяц су́мерек прозрачна и чиста
звучит порой мелодия свирели:
толь это Бог оплакивает Зверя,
толь это Зверь осмелился роптать...

Олимп не может дух твой выносить.
Зверью ты стал не братом, а тираном.
А я слежу за светлоглазым Паном -
гнать не хочу... но не могу впустить.

Divided God

Your reed pipe - no Apolonian lyre.
Pan you are, of pale blue eyes.
Mad panic reigns. Half world in size.
Half drunk, half sober - you this acquire.

A child of gods - immortal ever.
But seeing you, gods laugh and scorn.
Your fate - with goaty legs are born.
Cast out. Orphaned. You - gods sever.

You may hear prayers with no refuting, . . .
Foretell on dirt, . . . or throned - self-meek.
Or too, . . . profaning altar peak.
Or kill the weak with laugh, blaspheming.

Your pure, so limpid tender tones
'Neath sliver moon in twilight's gloaming . . .
Is it your beastness God's bemoaning?
Or maybe your beast-parts grumbling moans.

Olympia rejects, . . . sardonic living!
You are tyrant, too! No animal's brother!
But beyond blue eyes I see another.
But go or come, . . . from me, no giving.

Инкарнация

Волчица я.
И в логове,
            и в поле.
Ободраны и втянуты бока.
Заматере́ла от столетней воли,
заиндеве́ла от потерь и боли,
как судорогой свёл челюсти оскал.

Не помню - знаю!
Всё со мною было:
                любили, гнали,
                ка́ялась, любила,
        охотилась, рожала и кормила.
Кто защитил. Кого-то защитила.
Все запахи, все раны я забыла.
Всё вспомню, если надо, были б силы...

А нынче снова на луну завыла...

Как фла́жили!
Немало суеты, чтоб нацепить
каких-то красных тряпок,
прочистить ру́жья, выставить посты...

Incarnation

I am she-wolf,
And in lair.
And in steppe.
Ragged and gaunt of sides, I am unrestricted,
                               hardened, free,
Covered with hoarfrost, and knowing waste,
                               loss, pain.
I convulse my face.
I bare my teeth!

I don't remember. I know!
All was with me . . love, pursuit, repentance,
                               birth-giving, wet-nursing.
Some protected me. I protected some.
I forget all smells and all wounds.
But I will remember if necessary,
If strength does not abandon . . .

And now I howl to the moon again . . .

How diligent! . . .
The little red flags encircling me,
And not so few.
The people bustle by some red flags about.
They prepare guns and put forward positions . . .

Мне стали не страшнее
                    детских пряток
все ваши
        инспира́ции "на ты".
Со мной, матёрою,
            всех дней моих остаток
теперь, скулящие,
                не и́наче как "Вы"!

Пади́те!
Я иду.
Мой славный рыск
ведёт меня сквозь путаницу сплетен.

        А лик луны
                так тонок
                        и так бледен!

И вою вытянув,
я снова буду выть...

For me it is childs play.
A mere hide and seek.
All their inspiration is disrespectful to me.
For me, hardened she-wolf,
For the last days of my life,
No more whimpering people!
Not otherwise!
But give me only respect and honor!

Fall down!
I go.
I begin my glorious hunt.
Easily my scenting leads me through the gossips.

> But the moon's image is a sliver,
> So slender.
> So pale.

And I will stretch out my neck.
And I will again Howl . . .

Снежная радуга

*Помоги, Матерь Божия,
всем матерям, чтобы не убивали
сыновей и чтобы сыновья сами
не становились убийцами.
Как помогла мне и, надеюсь, и долее
не покинешь на путях наших.*

Волки - братья! Вы ли
в степь стена́ли, выли ?
     Пыль. Пушиста пыль...
    "Дай мне, Бог, осилить..."
Волки, братья, больно.
Волки, братья, страшно.
Мальчик мой - невольник.
     Я мечусь напрасно...
Но вгрызаюсь в прутья,
    но терзаю колья...
"Не железной будь я -
    будь как ветер вольной!"
Волки, братья, где вы ?
Кто сейчас не в клетке ?
    "Лев под Знаком Девы.
    Звёзды.Знаки.Предки."
Волки, братья !..
    "Небо. И Луна. И Воля."

Snowy Rainbow

> It became the struggle of many Russian mothers to have army sons deferred from war in Chechnia. Their destiny involved petitions, pleas and personal hardships to save their loved ones from the death and killings of this war, considered to be immoral.

Wolves, my brothers!
Was that your wailing in the steppe spaces?
Raising snowy dust - fluffy dust . . .

"Grant me, God, that I may overcome . . ."
Oh, my wolf brothers, what pain I have.
Oh, my wolf brothers, what fear I have.
My boy - my son is in captivity.
I rush about in vain. It is useless.
But I drive my teeth into stake posts.
I try to tear them to pieces - to smash them
                              into twigs.
I am not iron.
Instead, like the free wind, I am unrestricted!
Where are you, my wolf brothers?
Who now is not enclosed?
      "Lion under the Maiden Constellation.
    Stars.   Symbols.   Ancestors."
              My wolf brothers!
"Heaven.   And Selen.   And Will."

Прогрыза́ю
　　　　　не́быль,
　　　　　　　　от печали воя.
Уходите, волки!
В лёт по снегу,
　　　　　　братья!
Те́ни, те́ни только
по бело-
　　　снежной скатерти...

Волки,
　　　мне - не до́лжно.
Волки,
　　　мне - не ле́по:
Смысл
　　　опутан ложью...
　　　Я ещё не слепну,
но уже расплавлен
　　　голубой свинец,
и стрела отравлена...
　　　"Радуги венец -
　　　　　　племени
　　　　　　и Воле..."

I gnaw
    through hazy nothingness
        and howl with sorrow.
Escape, Wolves!
Vanish into snowy whiteness,
    my brothers!

Wolves, for me no escape.

Wolves, for me it is not my destiny.

Truth . . . lies entangled,
    but I have still not been
    blinded or dazzled.

But melting, pale-blue lead is for bullet.
And arrow shaft for poisoning . . .

"Rainbow Halo . . to a generation
    and to Freedom . . ."

Проблемы старой дочери

Как странно быть твоею старшей
и взрослой дочерью,
                      Отец.
В полве́ка навека́ уста́вшей,
вдруг отданною "под венец".
Он кто? Поэт?
                      Ни Бог, ни зверь...
Он мне гармо́ния, мой При́зер.

Когда за мной закрылась дверь,
я думала :
                теряю смысл
и цель, и жизнь.
                    Но вот теперь
я за́нята "игрою в бисер",
порой поглядывая вниз,
                    порою ввысь.

An Old Daughter's Problem

"How strange it is to be your older adult daughter,
        my Father.
When I accomplished one-half century of living
        I was a full-century weary.
And then, suddenly, You 'take me up to the 'altar''.

Who is my man? Poet?
No. He is no God, no beast . . .
He is my harmony, my jailer.

When I went out and You closed the door after me
I thought I had lost meaning in life - my purpose.
But now I immerse myself in the glass bead game.[1]
And sometimes I look down.
And sometimes I look up."

        1. Hermann Hess <u>The Glass Bead Game</u>

На покое

Мой старый друг, мой старый бабник Ной!
Ты что под старость лет мне предлагаешь?
Какая пристань
                и какой покой?!
Ах да!
       Один ты плохо засыпаешь.

Да кто сейчас вообще спокойно спит
в кануны нового всемирного потопа?
... Кто спас однажды мир,
                "на лаврах да почит..."
   (Уж коль не мир ,
           то Азию с Европой).

Все - дети.
Все - твои.
Все чтят в тебе отца.
   (Уж коли не отца,
           то свата).

Ты этим горд. И ни к чему таить
как вы старались с этим Араратом.
А я привыкла.
Мой покой - одна.
Собою - никого, и мне - никто не бремя.

At Repose

My old friend, my old ladies-man, Noah!
Why do you make this suggestion to me now
           when we are old?
What quiet harbor and what quiet repose?!
Oh, yes,
It's hard for you to fall asleep alone.

But who now has calm dreams on the eve
           of a new world deluge?
. . . Who once rescued the world
   "now indeed rests on his laurels . . ."
  (Maybe not rescued the world in full,
  but at least Asia with Europe).

All are children.
All are yours.
All revere you as a father.
   (Maybe not as a father for all,
   but as a matchmaker).

You're very proud. And do not be secretive:
You had tried so hard with your Ararat Mountain.
I have composure.
My repose is loneliness.
I burden nobody and neither am I burdened.

... Однажды не очнуться ото сна,
Оставив "время, времена и полувремя".*

Уже который ангел протрубил?
Какой ещё не ведали стихии?
И на́-те вдруг! - в тебе проснулся пыл
Любвеобильного жуира и витии.

Мы стары, Ной, ленивы и мудры.
Не то, что спать - сидеть не стану рядом.
...Но, может быть, ты прав:
 и мы ещё добры,
 и опытны,
И сходимся во взглядах.

И мир спасать - уже не наш удел.
Есть новые обученные "профи"...

О, Боже, Ной!
Ну как ты постарел...
Ещё вина?
А мне, пожалуй, кофе ...

―――――――――――
*Книга пророка Даниила. Гл.12, 7

... One time I might not regain
consciousness from my dreams
and so have "time, times and
half a time"[1]. no more...
How many angels have sounded already?
How many earth devastations are yet to be?
And suddenly, ardour ...?
You awaken amorous, giving abundantly your love
with sweet words to me.

We are old, Noah, lazy and wise.
I don't want to sleep together.
Not only sleep, I won't sit side by side with you.
But yes, perhaps you are right,
And we are kind, with wisdom about life,
with like-minded accord.
And as befits saviors - it is no longer our fate ...
There are new-trained "professionals" instead...

Oh, God, Noah!
How old you have grown!
More wine?
For me, perhaps more coffee ...

1. Book of Daniel C12, V7

Institutionalized orphen children in Vladivostok display creative, colorful art. *Anastasia Savenko*, volunteer instructor

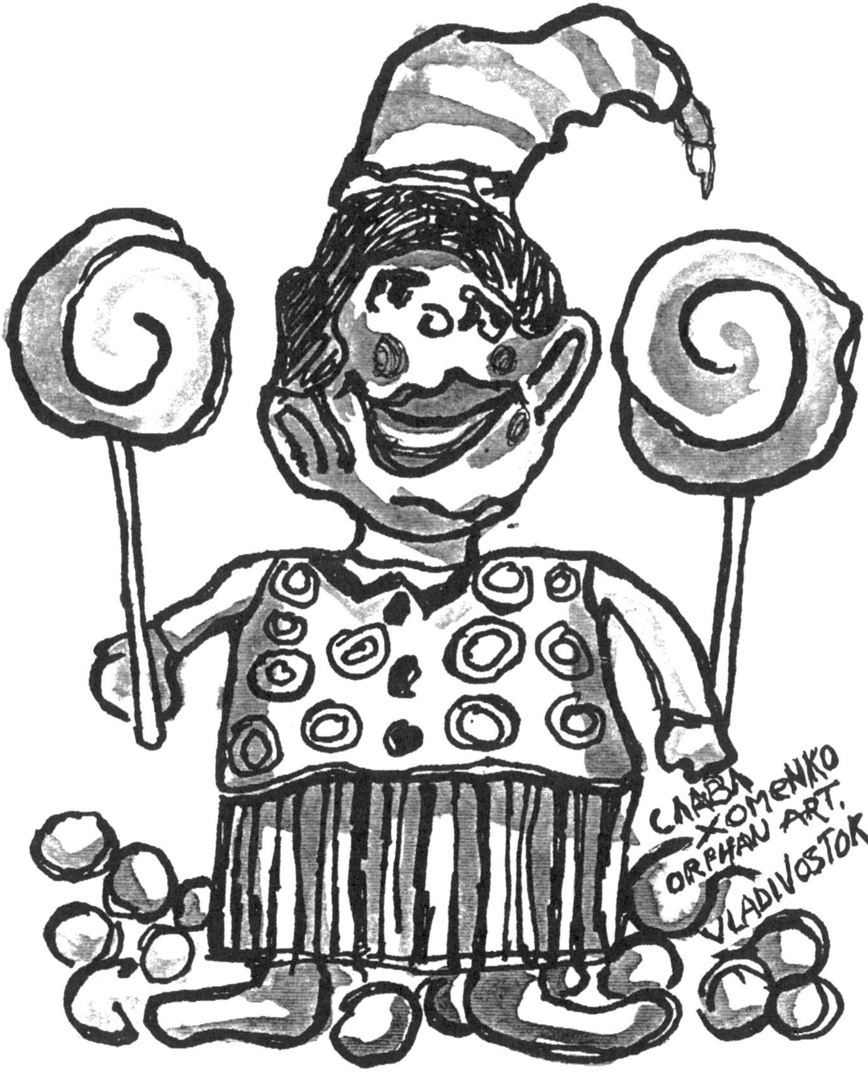
СЛАВА
ХОМЕНКО
ORPHAN ART.
VLADIVOSTOK

Эпиграмма 1

Петру Георгиевичу Щедровицкому, философу, методологу, автору и организатору "деловой " игры "Мозговой штурм".После Чернобыля...

Сразу "клюнула" идея :
Во́ланд! Ре́гент! Ге́лла! Кот!..*
Ну, ещё бы... Здесь - Ванде́я **
И страна Полы́нных Вод.***

Но немного пригляделась :
Сам же вывернул "нутро́" -
Бедный Петя! Грустный клоун.
... Бедный, бедный мой Пьеро́ ...

---

* Герои романа М.Булгакова.
** Французский город, название которого стало нарицательным для тех, кто защищает старую власть.Так называли столицу Беларуси за поддержку коммунистического режима.
*** "Звезда Полынь", после явления которой отравлены будут "источники вод"(см.*Апокалипсис,8, 11*). "Чорнобыл" - вид полыни.

Epigram 1

> To Pyotor Georgeyevich Shchyedrovitskey: philosopher, methodologist, presenter, author of a specialty game, "Cerebral Attack", following Chernobyl.

Suddenly an idea bit me:
He is Woland!   Gella!   Regent!   Cat! 1.
Of course . . Now, Vendee is here! 2.
And the wormwood star's country
And the bitter water is here too. 3.

But I am a little accustomed to these "heroes".
And the leader himself reveals pretentiousness.
Poor Peter, white sad clown.
You are only Palacci.   Or buffoon Pierrot. 4.

    1. characters in Bulgakov's The Master and Margarita.
    2. Vendel - a very conservative, pro-king, pro-strict controls French town in the Napoleonic era. The analogy is to Minsk's appreciation for strict communism.
    3. wormwood star/bitter water - reference to Chernobyl as from Bible Revelations Chapter 8, Verse ll.
    4. classical Italian clown. French buffoon pantomimist.

Сирин

Какие тёмные сапфиры!
И тёмно-вишневый гранат.
И бледно-дымчатый по спилу
                      агат.
Какое ты имеешь имя,
окаменевшая душа?
Сиреневым, лиловым, синим -
как хороша!
В какой огранке и оправе
                      тебе бы быть?
Но я, наверное, не вправе
                      тебя хранить.
Мой нежный Дух, окаменевший
в столь дивные цвета.

И вера есть,
и есть надежда...
и пустота.

Siren

Such dark-blue sapphires!
And dark cherry-hued garnet . . .
And pale agate, smoke-tinted . . .

What is your name, petrified soul?
So purple, lilac-colored, violet.
So beautiful!
What facet and setting is best for you?

But I,
Probably I cannot go further,
Or keep or guard you,
my tender Spirit, made petrified
              in so amazing spectrum.

But I have faith.
And I have hope . . .
And emptiness.

17
OFFICE
2
OFFICE
1
HIS HERS
Grand
Gastinitsa
VACANCY
FOR
RENT
FOR
SALE

Патриотическое

Книга сама раскрылась...
Синдром Чечни
Заступите дорогу не мне...
Она меня, Россия, любит...
Ломаного гроша
Монолог
Эпиграмма моему начальнику
Я не могу решать за Галилея...
Молитва ведьмы. Сивилла

Patriocity

The Book Opens By Itself . . .
Syndrome of Chechnia
Don't Obstruct My Way . . .
She, Russia, Loves Me . . .
A Brass Farthing
Monolog
An Epigram To My Boss
I Don't Have Time To Help You,
                    Gallileo
Sibyl's Prayer

> Перед тем, как повеситься, Марина Цветаева жарила для сына рыбу. Но рыба пригорела...

Книга сама раскрылась.
крылья страниц трепе́щут...
Сон вспоминаю странный :
рыб в обмеле́вшей прото́ке -
семь устремившихся к морю,
жаждой испо́лненных рыб.

Только одна - я знаю! -
не успевает *восьмая* :
брюхо изранит о камни,
силы в песках потеряет...
Семь достигают моря
в гибком броске последнем.

Я ожидаю восьмую -
эту восьмую *мою*.
Сын мой с презрением смотрит:
"Дохлую рыбу изжаришь?
Я её есть не буду.
Я не хочу её видеть!"

Я суечу́сь и готовлюсь:
"Мы голодны́, сынок..."

Before hanging herself, Marina Tsvetaeva was
cooking fish for her son, but the fish got burned.

The book opens by itself,
its page wings fluttering.
I remember my strange dream:

I remember seven fish aspiring to the sea,
Thirsting, craving,
       when only shallow water remains
       and flows in the dying channel,
       so little to go to the sea.

An *eighth* fish did not have time to succeed.
Lost energy, belly ragged from rocks,
       exhausted in sand, she struggled.
Death does not heed.

Then I looked as seven jumped
       into the saving-watered sea.
I stayed - waiting for the eighth,
       wanting this eighth, which is for me.
My son looked at me with contempt:
       "Will you grill for me carrion, mother?
       I don't want to eat it.
       I don't even want to see it."
But I bustled and prepared for her.
       "We are hungry, my son."

Рыба моя появилась,
бьётся едва живая,
   всем уступи́ла доро́гу -
   воды в песках исчезли.

Испотроши́лась о камни -
жизнь лишь в спинной хребти́не.
   Если пустить её в море -
   лишь на съеде́нье подругам...
"Ты ничего не смыслишь!
Это судьбы подарок.

   Нам бы самим добраться.
   Мы на исхо́де сил..."
Я побива́ю камня́ми
полуживую рыбу.
   Смотрит мне в душу Рыба,
   бьёт о песок хвостом...

Having yielded the waterway to seven
        then the water was all gone.
She appeared as hardly living,
        body worn and badly fraying,
        only her backbone spine surviving.

If I help this fish to the sea
        she is for other life their food and bait.
        "You don't have understanding, son.
        It is, for us, a gift of fate.
        We lose our last energy
        and we have a long way to go."

I throw stones at this "middle-living" fish.
The fish looks into my soul,
        her tail hitting the sand.

Синдром Чечни́

"Приказано стрелять !"
... Сворачивает кровь
Мне ненависть.
    Свинцовое движенье
Я делаю - на этот выстрел пасть...
    Не мой стреляет.
Я - ему не мать.
Но вдруг!.. Но, может быть ?!.
    Ещё одно мгновенье -
И криком ужаса разорванная пасть...

"Убить его!" -
"Кого?"
    Огро́мно и обло́
    чудовище.
"Бегите!" -
"Где спасенье?"
    О, Господи!
    Всех, всех объяло Зло...
"Приказано стрелять!
    Стрелять
    на пораженье !"

Syndrome of Chechnia

Command: "Fire!"
      . . . Hate coagulates my blood.
I move.
Body leaden, meeting the bullet.
Destroying the shot.
It is not my son shooting.
    and I am not his mother.
But suddenly!
But perhaps?
Only one moment -
    (and the cry of horror lacerates the jaws . . .)

"Kill him!"
"But who must I kill?"
    Enormous and impudent war monster.
"Run away!"
"But where is refuge?"
Oh, Lord!
Evil embraces everybody . . . everybody.
There is no help.
And no rescue . . .

Command: "Fire . . .
    "Fire to miss! . . .
        for defeat!"

Заступи́те дорогу не мне -
заступите дорогу моей беде.

Заступитесь !

Иль запустите
              камень тот,
что на шею надеть...

Don't obstruct my way.
Obstruct the way for my grief instead.

Intercede for me!

Or throw a stone into me
And I will put it on my neck . . .

Обновившійся образъ
Владимірской Божіе[й Матери]

> Растли́телей детей привязывали к столбу
> и обливали водой на морозе. До смерти...

Она меня, Россия, любит.
Стихи́йно, пра́ведно, до крови.
Пригубит, сплюнет, приголубит...
И с бабьей лихостью отрубит
        подножие иль изголовье.
Насильница!
Опустошая мне душу,
будет наслаждаться
        то жалостью, то равнодушьем,
        то бережёт как са́мка яйца.
        Распу́тница! Стыдясь мине́та,
        до крови спину искромса́ла.
Раскинулась чуть не в полсвета -
        поди́ объять! И жизни мало...

Стыдись!
Стыдись, Императрица!
        Сотри́ подо́лом грех с лица!

По мне бы лучше не родиться,
чем матери своей стыдиться
        и чтить *юро́дивость* отца.

In oldtime Russia the seducers of children were executed.
Tied and bound to a pillar, water was poured over them
in very cold weather, to freeze them into ice.

She, Russia, loves me.
A love spontaneous, pious, righteous to
        bloodthirsty.
She kisses me, then spits on me, and then
        gives shelter to me after.
And like a dashing woman at the bed, to make
        proper size, she cuts off feet or head.

Forced, violent, coercing Birthmother,
You yourself have enjoyment
        with your plaintiveness or indifference
        when you devastate my soul.
But sometimes you take care of me
        like a female takes care of her eggs.

Profligate! You are ashamed of your own lust,
But you were scratching my back until bruising!
You stretch out your earthly space until ranging
        over almost half of the world.
The whole life is not enough to embrace all of it.

Be ashamed! Be ashamed! Empress!
With your hemskirt wipe the Sin off your face.
For me, better not to be born
        than that I be ashamed of my Mother,
        and honor my Father as a ***holy fool.***

Ломаного гроша

Что получишь за нежность?
Что дадут за улыбку?
Чем ответят желанью? -
              Пригласят
              иль "попросят"?

Какова неизбежность -
неизбежность ошибки?
              Что хотят за познанье?
              Сколько? Семь или восемь?

Как расплакаться горше?
Как забыться в истоме?
              ...Если ломаным грошем
              зуб последний надломлен...

A Brass Farthing

What will I have if I sell my endearments?
What will I have if I offer my smile?
Just a response to me of my desire?
Do you invite me?   Or am I your trial?
    Unavoidable, fully ordained is my fate?
    Are many the chances my making mistake?
    Cognition, I wonder its value - its rate?
    How big is the cost?   Six, seven or eight?
What help is for me if I cry bitter tears?
And what help is to me if unconscious my pate?,
    If I bite a brass farthing
    And break my last tooth
    When I taste it to check authenticity, truth . .

literal
What will I get for tenderness?
What will I be given for a smile?
What will I have in response to my desire?
Will I be invited or asked to leave/
    What is the inevitability-
    The inevitability of a mistake?
    What is asked for the knowledge?
    How much?   Seven or eight?
How to burst into bitter tears?
How to forget myself in a languor?
    If the last tooth
    Is broken by a brass farthing . . .

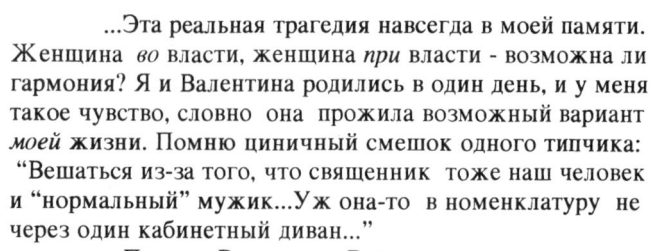

...Эта реальная трагедия навсегда в моей памяти. Женщина *во* власти, женщина *при* власти - возможна ли гармония? Я и Валентина родились в один день, и у меня такое чувство, словно она прожила возможный вариант *моей* жизни. Помню циничный смешок одного типчика: "Вешаться из-за того, что священник тоже наш человек и "нормальный" мужик...Уж она-то в номенклатуру не через один кабинетный диван..."

Прости, Валентина. Всё, что я могу , - это составить за тебя

Монолог
*повесившейся в разгар Перестройки,
члена Коммунистической партии Советского Союза*

Солнце с красной повязкой на лбу -
        социалистический "дизайн" -
с проступившей коро́стой лица в профиль.
Здесь пытаются правду вымучить -
        и лгут! - чистая кровь погибает
в потоках гноя и старой крови.....

    Я уже девяносто дней как повесилась.
    Мой мозг сгнил.
                Обнажились зубы(в пломбах
            социалистической стоматологии).
                Это вам! сегодня невесело :
ваши! мозги
в параличе герантократической идеологии.

Valentina Sheetsova was a university classmate of Nina Savenko. Sheetsova's involvements lead her ultimately to powerful status in the Communist Party in Belarus. At the height of Perestroika she changed her philosophy to endorse democracy and Christian faith.

Communists avenged this by compromising her with money problems, the seducing of her daughter, and "cleric" propositioning, among other strategies. Sheetsova committed suicide - provoked when conditions for living her life became unbearable.

Monolog

And on the vast wall space, the sun emblem,
Rays extending from it far distances.
And over the sun, the strong red flag.
And through the center, the scab of blood.
It is Lenin's face seeping - staining.

Some want to talk, to attempt to speak truth.
But everywhere is slander. Everywhere, lies.
Clean blood perishes in a stream
      where everywhere are slander and lies.
The blood goes then into pus and tainted gore.

Какое величие в том, как замер зал,
как он внемлет заворожённо и тупо
голосу *прежнему* и мутным глазам
на казённом лице мертвеца-кожедуба...

...Я добровольно ушла к "сильным":
ослабла с вами, живыми,
                мутантами от иуд и пилатов...
"Мёртвые *держат* живых" - и с ними
Я на вашем съезде - кутья и облатка !

Учила на прощание "царский мат":
послать вас (по крайней мере)
                в тридцать шесть колен .*
(Длиннее есть, но запомнить трудно).

          И грех есть! Единственный.
Я, мать,
      дочерей не смогла удержать от блуда...

...Синий цвет мой с немного в сиреневый
                как намёк на зябкий день.
На социализм ваш - "немного беременный".
На заборную кровь. И подзаборную тень..

---

* Валентина, перед тем как пойти "на ковёр" в ЦК Компартии Белоруссии, выучила специально "Петровский мат" из 36 слов. Есть вариант из 263...

I am already nineteen days since I hung myself.
My brain deteriorates.
My teeth lay bare, skeleton-like, in a laugh.
 (demonstating the quality of dental repair
 work under communism)
But it is, for all of you today, no such laughter.

Oh, so majestic this place.
But maybe all people here are hypnotized
 in the listening.
 (but the voice is a previous one!)
And it is muddy eyes
 on a formal govenmental buffoonish
 zombie of a face.
And it is the new skin-tanner.

I volunteered and went to the strong people -
 the dead.
So I weakened with all of you - you living.
But living people are only mutant children
 of Judas and Pilot.
And living people are servants of the dead.

I am at your congress with the dead:
 At your banquet such wonderful food.
 So delicious, so much at your meeting.
 We transform it to black funeral food.
 The banquet of death you are eating.

Я хочу,
          я хочу,
                    я хочу вернуться!
Я родилась после *Той* Победы -
мне только сорок три года...

Не кладите цветы на могилу -
                    можно задохнуться...

Я *была* девочкой.
Филологом по образованию.
"Директором" Дворца
(и такое при социализме возможно)
в стиле "сталинский в-ампир"...

А вокруг всегда *тьма* народа.

Примечание автора. *Перевести это стихотворение, я думаю, невозможно. Но мы попытались, потому что оно для меня очень важное.*

Before I departed the world
    I studied the tsar's vulgar curses,
    learning 36 (of 263 available),
    to abuse your communist congress mob.

And I had one big sin:
I was a mother.   Here to confess.
I could not restrain or suppress my daughter
    from lechery,

And I liked royal color blue, and lilac color too.
These colors were perhaps an allusion for me.
Perhaps these were a hint that there would be
    a chilly day . . .
    and that communism everywhere
    was a little bit pregnant with its new ideas,
    but that they were always only illusions,
    and only shadows of prison fences.

I want, I want, I want to return.
I was born after the Great Victory.
I am only forty-three years old.
Don't lay flowers on my grave lest I suffocate.

I was a girl, and philology was my education.
I was a Palace Director (and this is one more
    absurdity) in style of "Stalin's V-ampire".
And around me, everywhere,
    are multitudes of people, and darkness . . .

*Начальнику, лишившему
меня премии за опоздание,*

Эпиграмма

"Всему - регла́мент,
              срок,
                   пора
                        и время.
Старайтесь *ничего* не опоздать." -

Нельзя остановить одно мгновенье,
но можно *все* попробовать поймать!

Любуюсь:
        ловкого ковбоя летит лассо́ -
Вы снова
        "на коне".
Ловите все! Мгновение любое
быть может и *прекрасным,*
        ...наконец.

To my boss, who deprived me of my bonus
for a five minute delay to work.

An Epigram To My Boss

My boss reprimanded me by memo:

    "For everyone, everywhere, there are
        regulations.
    There is a work period, hourly day,
        starting time and closing time.
    Try in the future to have no more
        delays to work."

Response:

    "You are correct.
    But I have advice for you also . . .
    It is impossible to stop just one moment
        of time, -
    But it is possible to attempt to capture
        every moment.

    I like to watch you, my boss.
    You may be an adroit cowboy
    catching every moment with a lasso.
    O.K., Catch! Catch everything!
    And perhaps, sometime, included,
    You will catch a moment of happiness
        at last."

Посвящается *Иосифу Гольдину*, мечтателю, прожектёру, диссиденту, считающему себя гораздо более решительным человеком, чем Галилео Галилей. После неудачи с возведением Вавилонской башни по японскому проекту на Русском острове в заливе Петра Великого близ Владивостока, Иосифа иногда встречают под пальмами Сан-Диего за кружкой пива.

"Я не могу решать за Галилея.
Свои проблемы пусть решает сам.

Советский *"кич"*
     с постройкой Мавзолея
Я к Вавилонским вздыблю Небесам!.."

Смешенье всех времён,
             народов,
                   правил
Для *Агасфѐра* - маскарадный бал.

О, Йов, Йов! Бог тебя оставил.
...А Агасфера
          да-алеко послал!

> To Joseph Golden, Moscow dissident, who everywhere compared himself to Galileo Galilei: His big dream was to construct a 'Tower of Babylon' on the little island (named Russian Island) in the ocean near Vladivostok. He hoped for $36,000,000.00 of Japanese sponsorship. Now he sits under a palm in San Diego and drinks beer.

a small " poetic liscence":
"I don't have time to help you, Galileo.
Of course not, quite impossible, and no.
    Know, your problem is not mine.
    Of course, mine is quite divine.
So yourself, resolve your own, and that is so.

Yes, the Soviet Union's building style is kitsch.
So I offer mine to gloriously enrich.
    Mausoleum, you look bad.
    Oh, my friend, you look so sad.
Worry not! I raise new Babylon. No glitch."

You are playing, are you not, old Ahasverus?
Mixing times and nations, lovers, rulers, eras?
    Making coctails of them all.
    Masquerade's forever ball.
Do you have great pride and power in your
              madness?

Oh, Job, good Job, God left you for awhile.
Eternal Jude, no end is your exile.
    Ahasverus, . . . damned by He.
    You, - block building . . . A, B, C.
And your island pile, all look and laugh and smile.

Молитва ведьмы
Сивилла

I.
А увядающая ведьма
ссутулилась, поникла, лы́ко мнёт...
Всего лишь - в золото подли́ла меди.
...И только зеленеет - не цветёт.

II.
О, Господи!
Какой *ещё* урок мне до́лжно получить?
И можно ль научиться
мне, вскормленной
от вымени волчицы,
от имени пернатых говорить?

Когда моя ведическая кровь,
кружа́ и впитывая вопли рабьей твари,
артерии вздувает -
              разум мой
     опять до изступления зата́рен
пустыми ёмкостями,
            мелкой шелухой...

Sibyl's Prayer

literal   I.
A withering Sibyl
Has stooped, drooping, and is crumpling bast . . .
She has added some copper to gold,
But it only turns green and would not blossom.

               II.
Oh, Lord! What other lesson
Should I be given?
Is it possible for me,
Me, nursed by a she-wolf,
To speak on behalf of birds?

When my prophetic blood
Circles and absorb the yells of slave creatures
And makes my arteries swell,
My mind is again frenziedly stuffed
With emptiness and trifles . . .

              III.
Give me, oh Lord,
The lot of a recluse
Under the crest of a sand dune,
Or under the wing of a rock,
Not the fate of Siren, the bird of Sorrow,
Nor the bird of Gamayoon, the bird of Prophecy,

III.

Дай, Господи,
                отшельнический жребий.
Под гребнем дюны.
            ...Под скалы крылом.
Не Си́рина,
      не Гамаюна.
              ...***Оби́ды-Лы́беди,***
           обре́тшей тихий дом,
прия́вшей дивный мир,
по водам отпустившей
              судьбу усталую,
               детей, узревших свет...
О, выведи в тот мир меня -
          о! Выведи -
в котором жизни нет, и смерти нет.

But that of a Swan, the bird of Offense,
Who has acquired a peaceful home,
And who has accepted the divine world,
And who has let flow down the stream
Her tired life
And her enlightened children . . .
Oh, Lord, show me the path
Into that world . . .
Where there is no life,
And there is no death.

*free interpretation of
several lines of concluding prayer:* . . .
Give to me, Lord
Recluse destiny, ...
And grant that I silently harbor old mistreatments.
Perhaps, find for me a quiet home
        under the crest of sand dunes,
        or under winged-sheltering rocks.
Give me amity to Your astounding manifestations.
And I allocate my weary fate.
And I allocate the enlightenment of my children.
Show me the way, Lord.
Lead me to a world without life or death.
Show me the way.

After James Audibon
"Snowy Owl" Plate CXXI
Museum of Fine Arts, Boston

София и софиология

И опять...
Ты - нечто бо́льшее
Безделица
Я Вам напомню...
Дай испытать!
Суфизм
Шёпотом
Осиротевшей дочери
Подвенечная
Зазеркалье

Sophia and Sophiologos

And Again . . .
You - Larger Than the Sum
Trinket
I Remind You . . .
Lord, Give Me Sensations!
Sufism
Whisper
To an Orphaned Daughter
Under the Marriage Crown
Behind the Mirror

И опять

...И опять
я пытаюсь разгадывать
      сплете́ние мыслей в книге,
в её чёрно-белом кружеве...

   Но Она
тем же тихим движеньем
      свои лунные очи приблизит -
и толкнёт, вырываясь,
       сердце,
и застонет во мне и закружит...

Неподвижных бездонных
      два глаза.
В каждом луны горят ... или тонут?

     О, не сразу!
Не надо сразу!
Погоди́.
Ты уйдёшь -
будет смерть.
Мне ж от жизни никак не опомниться...

And Again

And again
I attempt to unravel interweaving thoughts
in the book,
in its black-white lace . . .

But She,
as before,
in quiet movement,
Her moonlit eyes will draw nearer to me.
And my heart shocks and wants escape.
And inside of me it will groan and whirl.

Two motionless, bottomless eyes.
In each, moons are flaming,
Or a drowning?

Oh, not all at once!
Don't do it all at once!
Wait a little.
For if you leave
Death will come,
While I cannot myself come to senses about life.
I can't.

Ты - Нечто бо́льшее

Ты -
Нечто бо́льшее чем сумма двух начал.
Значительней, чем просто удвое́нье.
Так мудрость - это возраст и терпенье,
А двух пространств сложе́нье
                                     есть вокзал.

Нельзя
Возникнуть вдруг, исчезнуть вмиг,
Свободному - любить, рабу -
                                     быть честным.
На плоскости пространство - круг,
                                     а ужас - крик.
Чтобы удво́ить, зеркалу придётся
                                     треснуть.

You - Larger Than the Sum

literal
You are
Something more than the sum of two
                beginnings,
More important than simple doubling.
Thus, wisdom is age and patience.
And the sum of two spaces is a station.

It is impossible
To emerge from nowhere or to vanish
                instantly,
Or for a free person to love and for a slave
                to be honest.
Space on a plane is a circle.
And horror is a scream.
In order to double, a mirror must crack.

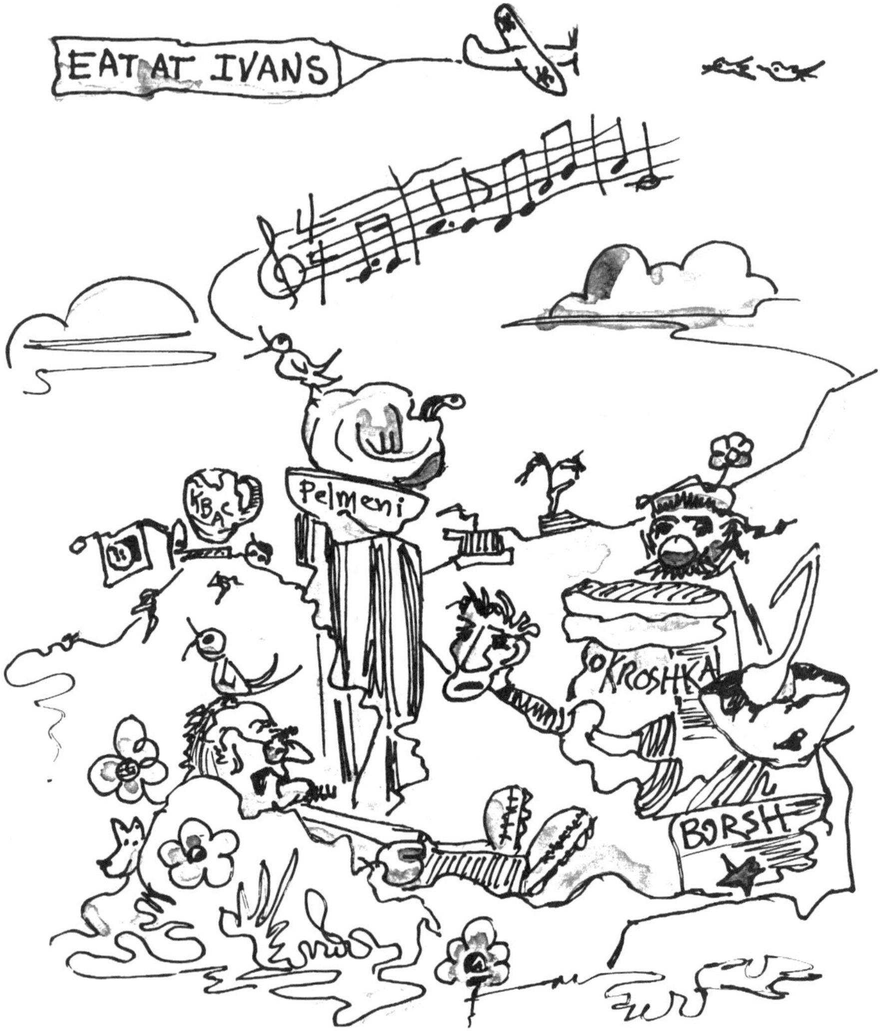
EAT AT IVANS
Pelmeni
KBAC
OKROSHKA
BORSH

HI MOM
HERO
HERO
Ronald (Big Mac) McDonovich
First Man to Discover a
McDonalds in Eastern Russia

Безде́лица

...или *Улыбаясь философии друга*
      Сергею Патлаху

" А сердцу ни герой, ни жертва -
       не пример.
не понимаю, кто их надоу́мил.
И есть ли эта мера среди мер -
воздать тому, кто за идею умер?
        Воспеть?
        Запечатли́ть?
Но если и когда
сменяются правитель и идея -
        Кто выстоял?
        Кто прогадал?
Герой слинял.
А жертва в честь злодея!

Ленива мысль.
И разум не судья.
Душа витает где-то в запреде́лье.
И только **Я** со мной.
Но что мне это "**Я**"?
Какой безделицей развлечь своё безделье..?"

Trinket

>. . . or a Little Smile
>   at my Friend Sergey's Philosophy

" For my heart I have neither ideal hero
            nor sacrificial champion.
I don't comprehend who inspired these paragons.
I don't understand even one criterion
            for their glory.
What is *just one* that brings fame
            to these idealists?
And what essence is to be remembered?
            (from among praise songs, statues
            revered, poems, memorials? . . .)

But if renunciation, or when displacements
            of rulers and ideas . . .
Who miscalculated and who remains?
Look!
See the faded heroes - the irrelevant sacrificials
            to the honor of the villain!

My thinking is very lazy.
My intelligence is not   judgmental.
My soaring spirit leaps the bounds of sky.
And only my ego lives with me always -
(but I am indifferent to it).

What trinket will amuse or entertain me
            in my idleness . . . ?"

Я Вам напомню

Я Вам напомню,
        где,
            когда
                и кем,
каким желаньем искуша́ем,
я был беспо́мощен и нем,
жестокой ревностью снеда́ем.
Сказали Вы - хотите седока.
Но лишь я сунул в стре́мя ногу -
взвилась кобыла и пошла скакать,
            и дьявол выбирал дорогу.
И я в грязи́.
Вы смотрите, резвясь,
 и ржёте.Глупая! Вам легче?
Но чья попытка сорвалась,
хоть я - смешон и искалечен?
Кто так судил? Кто дал мне испытать
паденья моего бездонность?
А я?! - не смел Вас вовремя прогнать,
не веря в Вашу изощрённость.
        Коль хочешь, женщина,
ты под седлом ходить -
          не надо торопить мужчину.
        Дай время,
чтоб *успел* вскочить
и под себя твою подправил спину.

I Remind You

I remind you where, when, who, what desire
                seduced me.

I was helpless and speechless,
And strong jealousy gnawed me.
You told me you wanted a horse master
But I could only thrust my foot into the stirrup.
The mare reared, jumped, bucked and galloped
and it was the devil to choose her way.
And I fell down in the dirt.

You look at me with curiosity
And gambol and frolic and neigh at me.
Stupid woman!   Do you feel relief?
But who is the loser?

Although I was ridiculous and crippled
Who gave me this trial?   Who gave me
To experience the bottomlessness of my downfall?
But I? I'm perplexed and bewildered that I didn't
Drive you away before in most timely fashion.
Oh, why was I not wary of your craftiness? -
                of your perfidiousness?

If you want to be saddled, woman,
Don't precipitate the man.
Give time for the man to jump upon the mare
And hold it in check.

Дай испытать, Господи...

Слабости,
  Господи, дай испытать!
Слабости...
Около сильного, щедрого
дай отдохнуть
  женщине.
Робости дай. И любви.
Радости.
  Каждой по силам её
Тобою обещано...

Годы мои истекут, и глаза мои выцветут.
Руки мои опадут и не будут послушными.
  Голос услышать,
когда
на ответ не останется
  сил,
утаённых для милого...
  Господи!..

Lord, Give Me Sensations

Lord, give me sensations
    of Weakness,
    of Rest near a strong and gentle man,
    of Shyness,
    of Love,
    of Joy,
    as for every woman - for her Hopes
              and Possibilities.
You promised, Lord . . .

Lord, my time will elapse and my eyes will fade.
And my arms will fall away unable to be obedient.
And I will not be happy to hear the call
If I have not the strength or beauty to answer it . . .
Oh, Lord! . . .

Суфи́зм

Поника́ю.
И проника́юсь
Неба музыкой и Земли.
      Но не в сладкой истерике ка́юсь -
обвива́ю как повили́ка
камни, стебли родного Лика...
Но не в силах постичь этот Лик.

Поника́ю.
Мой стебель ныне
так не хрупок -
            не тянется ввысь...
Гибко-гибко и тихо-тихо
как ручей исчезаю в пустыне -
         это я **проника́ю** в Смысл.

Sufism

I fall over, listening.
The music of earth and sky
      permeate into my total self.
It is not in repentance that I am bowed
Nor for engaging in sweet hysterics.
Entwining, winding, snuggling, twisting,
      convulsing about stalks and stones, am I.
But there, earth mother's countenance
      is impossible for me to comprehend.

I go down, withering.
I lose my strength so cannot go high.
I lose fragility so cannot break.

When I am a little brook
      I will quietly disappear
          into the sands of the desert...
Then I will know Life's meaning.

Шёпотом

А я такую чувствую усталость,
                    что, защищаясь,
                    рук не поднимаю.
Но я шепчу
              такие оправданья,
которые так просто разбивают,
как хрупкие фарфоровые чашки...

Осколки их,
            прильнув к моим ладоням,
лежат,
                слегка покалывая кожу:
Один,
            как опрокинувшийся парус,
                  как лепестки,
                    как перья белых чаек...

Разбита ли уже Терпенья Чаша?
Узнаю,
            если слёзы,навернувшись,
                  так и застынут,
глаз не покидая.

Whisper

And I feel such tiredness
        that in having to protect myself,
        my hands are silent in defense.

But I whisper
        such justifications,
        which defenses are so easily broken,
        as a fragile porcelain cup
        in splintering...

Fragments adhere to my palms
        gently pricking my skin.
One fragment appears similar
        to an overturned sail.
Others to petals.
And still others to feathers of white gulls.

Is the Cup of My Patience already broken?

I will know this if tears fill my eyes
        and thicken there,
             flowing nowhere.

Осиротевшей дочери

*И рассе́яна,
и неприка́янна.*
"Стра́нно, Господи.
Господи, странно.
Словно в колбу душа запа́яна.
И не́ грешная - покая́нна.

Расточи́ меня на осколки
и рассыпь.
И не знаю: какие, сколько,
но остры́.
И вонзаются словно осы.
И блестят, как на солнце роса..."
*Непокры́тая, ноги бо́сы,
на плече коса.*
"Кто я? Кто я?
Как ветер ко́лок.
До́лу гнёт.
Только в сердце один оско́лок
и живёт.
Что? Откуда? Зачем?"
*Не знаю.
Впрок и впредь
Ты - надежда, любовь ...и па́рия
словно Смерть...*

To An Orphaned Daughter

> And absent-minded then, reticent,
> scattered and preoccupied in thoughts,
> homeless:

"So strange, Lord.
So strange.
My soul is as if soldered within a flask.
I am not a sinner but I constantly confess to You.

"Better for me that my reason-flask be destroyed,
shattering and scattering . . .
I cannot know how many splinters.
But all have razor-sharp edging . . ."
. . . splinters - plunging, thrusting like wasps,
shining, glittering dewdrops in sunlight.

My shawl does not cover my head. I am barefoot.
My braided hair drops heavily from my shoulder.

"Who am I?   Who am I?   A prickly wind today.
Biting.   Stinging.   It bends me to earth . . .
And a lone reason-barb infuses my heart to live.
What?   From where?   What for?"

I don't know, daughter. But in store, henceforth,
You are Hope,   Love, . . .
Also soaring Exile
As if exiling Death . . .

Подвенечная

За юро́дивого замуж собралась.
Он колдует, насылает маяту́.
Тяжела́ мне его ревность, его страсть,
Горб мне, бре́мя мне, куда я ни пойду.

Я просила полудремлющую мать:
"Ты проснись-приди меня благословить."
А она мне отвечает: "Мне б поспать,
Мне б воды холодной три глотка испить."

"Принесу тебе води́цы три ковша,
Уложу тебя на мягкую постель,
Но сначала, чтоб была я хороша́
Для юродивого и его гостей,

Сшей мне, матушка, из серого сукна
Платье, плат-фату́, запле́чную суму́.
Помаши из растворённого окна,
Когда буду уходить одна к нему."

"Дочка, милая, крови́нушка моя,
Буду шить тебе серебряный наряд.
Источу́ иглу, но обмечу́ края́ -
Да не будет твой мучитель счастлив-рад.

Under the Marriage Crown

I am soon to wed a holy fool.
He takes my will and gives me toil and suffering.
Distressing.　　Much his jealous passions rule.
Wherever I, - these reach me, pull me, grasping.

Petitioning,　　I ask my mother, drowsing:
"Waken, please.　　I ask you come to me
and bless me."　　She: "I wish for further sleeping,
And want spring-fresh water,　mouthfuls three."

"I bring for you three ladles of the water,
and help to bed, to bring to you soft rest.
But first, that I be ready as your daughter,
And to satisfy my fiancee and guests . . .

Sew for me, mama, gray wedding great-coat.
And then a shawl, and sew a knapsack too.
And open window, waving goodbye - note
When I go alone back to my holy fool."

"Daughter, kindred, you - my own blood sweet -
For you I sew a lovely silver gown.
Sewing, shortening needle, my elegant treat
To kill tormentor's pleasure - bring him down."

И серебряное платье как росой
Жемчуга́ми по подо́лу уберу,
И завяжешь под тяжёлою косой
Из тумана плат, что тает поутру́.

Из степной травы сплету тебе суму,
Мати-мачехи судьбы вплету листы.
На прощанье со слезами обниму,
Чтобы лёгкою стопо́й ступа́ла ты."

On you, lovely dress of beauteous silver,
I place adorning pearls, like dew-drops rare.
And like a morning mist, a shawl I tailor
For you.   I fashion for your fine-spun hair.
I take steppe grass to pleat your knapsack.
Weaved leaves there, mother grass,
                    step-mother fare.

And I snuggle you with tears before you leave me.
Knowing now the time has come for you to go.
May your pathways, calm and gentle, pray,
                    forever be.
And your steps - of beauty, light and love
                    shall know."

Зазеркалье

*... судьба заковала Марину в цепи обмана и лукавства, клеветы и предательства. И её душа не смогла освободиться из этого трагического плена. Но ещё никто не жил на земле **без дьявола**.*

1.
Ещё одна загублена душа.
Отходит...
Но, вздёрнув к небу изголо́вье,
Не в **го́рний** мир твой уходящий шаг -
В пещерах чёрных метки кровью.

Какую боль ты не перенесла́?
Тебя ли Бог
или его отри́нув,
Одна сама безумная ушла.
Но можно ль дьявола убить, Марина?

Найдёшь? Дойдёшь ли, ноги волоча́?
Он весь - везде.
       Я ночью стон твой слышу.
Уже твоя иста́яла свеча.
Сухарь последний сгрызли мыши.

Behind the Mirror
> . . . remembering Marina Tsvetayeva,
> famous Russian poet. Her life was one
> of great tragedy, her poetry brilliant,
> her love for Russia strong.

1.
One more ruined soul
to be going.
You pull up your head to the sky
                but you do not enter heaven.
Your steps instead, marked in blood,
                go into cavern blackness.

What pain do you carry across?
And was it God's renunciation of you,
                or did you renounce Him?
You will be going youself alone into madness.
But is it possible to kill Satin, Marina?

Will you find him?
Will you be able to reach him?
But your legs are dragging.
He is everywhere.
At night I hear your groan.
Your last candle has gone out
And mice chew up the last of your rusk . . .

Что? Что?! - Не разберу...
Заве́тная строка́?
Идти к тебе? Иль сдвинуть этот камень?
...Зелёного пальто истрёпанный рукав
Дождями вы́мыло, но он набух слезами.

2.
Из ста моих оста́вшихся врагов
Кому я не дала́ их цену?
И кто из них простить *меня* готов?
Кого из них не вздёрнут за измену
Кано́нам прежним и ко мне любовь?

Но не прозрачен - бел на во́дах лёд.
И не увижу рыб полёт подводный.
Мой Сокол околе́л. Столетник не цветёт.
И, ве́рно, на земле я Богу не угодна.

Пустить по во́дам строки и судьбу.
И загадать последнее желанье.

Кого утешит, а кому прибу́дет
"Ещё одно последнее сказа́нье".

What? What?
I only faintly hear you.
Do you bequeath a poem line?
Is it that I must come to you?. . .
Or push this stone?
I see the frayed green sleeve of your overcoat
Worn bare in rain . . .
But it is swollen from your tears.

2.
Now I have one hundred enemies who are alive.
But who among them did I not yet pay? . . .
And who of them is ready to forgive me? . . .
And as for these forgivers,
Who will not be hanged for his defection,
His abandoned loyalty, his love for me?

But the ice is not transparent.
It is so white on the river.
I will not see how gracefully the fish fly under it.
My wise falcon is dead,
And the aloe plant is showing no flower,
And I am, I think, forgotten by the Lord.

Perhaps better - that my lines and fate
                flow as they will . . .
And to have also a wish before eternity.
Best that my last words are consoling,
. . . and, with hope, give a meaning.